京都 タクシードライバーのクチコミグルメ

毎日京都の街を走り回っているタクシードライバー。
街を知っているから、美味しいお店の情報も自ずと入ってくるようです。
お客さんから「美味しいお店を教えて」と聞かれた時の手札はもちろん持ち合わせています。
そんなおもてなしのプロのような彼らですが、
プライベートではどんなお店がお気に入りなのでしょうか。
MKタクシー、キャビック、都タクシー、
都大路タクシー、西都交通、ヤサカタクシー
のドライバーさんに聞いた、
実は教えたくない・ヒミツにしておきたい一軒から、
ご案内したら喜ばれるお店まで、
オススメのコメント付きで紹介します!

 洋食 58

 和食 66

 フレンチ 74

 パン 78

 焼肉 80

 多国籍 82

 BAR and others 84

 コラム　30　ボリュームたっぷり！だからおすすめ!!
　　　　　　40　修学旅行生におすすめしてます!!
　　　　　　64　ご案内したら喜ばれるお店です!!

※本誌に掲載されている情報は、2016年2月現在のものです。
※料金や営業時間などの各データは、季節や日時の経過により変わる場合がありますのでご注意ください。
※掲載されている価格は特別な表記がない場合、税込み価格となっています。
※お盆、年末年始の休みは通常と異なる場合がありますので、各掲載先へお問い合わせください。
※掲載されている料理写真はイメージです。仕入れの都合や季節により内容が変更になる場合がございます。予めご了承ください。

京都 タクシードライバーのクチコミグルメ
contents

とっておきの お店・逸品　4

うどん・そば　10

こなもん　20

食堂・定食・丼　24

カフェ・甘味　32

居酒屋　42

中華　46

ラーメン　52

ホントは教えたくない とっておきの お店・逸品

美味しいから誰かに教えたいけど、やっぱり自分だけの秘密にしておきたいお店はありますか? そんなお気に入りを、タクシードライバーさんにこっそり聞き出しました!

トッピングもお忘れなく

一晩寝かせたコシのある手打ち麺　豊富なトッピングで楽しむ一杯

10数年の修業の後、伏見の地で開店した手打ちうどんの店。ダシは利尻昆布、本鰹、宗田鰹、鯖、鰯からとった京風で、麺はコシの強い讃岐風。厳選した小麦粉をブレンドして作った麺はつややかで、麺それ自体に味わいが宿る。丁寧に仕上げたダシと麺というダブルキャストを、さらに引き立てるのは創意溢れるトッピング。組み合わせの妙が考えられたお品書きは迷うこと必至だ。

オリジナルメニューが豊富! 店長のアイデアは年間通して期待できます。

MKタクシー
渡辺優也さん　ドライバー歴7年

手打ちうどん 福来たる
テウチウドンフクキタル

[伏見]　p93_MAP7

京都市伏見区深草柴田屋敷町76　☎075-641-6663
営 11:00～15:00(LO/14:30)、17:30～22:00(LO/21:30)
休 水曜休　予算/昼～1000円　http://www.hukukitaru.com/

桜島鶏ささみ天おろしうどん780円。外はサックリ軽やかな天ぷらで、噛めば甘くジューシーなささみ。冷たくのど越しが良い麺にはおろし他の薬味が密に絡まり、思わず我を忘れてズルズル。この他、天ぷらやカレーなど、多様なトッピングがベストマッチ。の組み合わせで展開され、全てのメニューを制覇したくなってしまう。

京都タクシードライバーのクチコミグルメ　04

ジューシーな牛カツ

まるでステーキのようにジューシー肉の旨みが溢れ出す牛カツ

厳選した牛肉を厚切りにし、衣をつけて高温の油でサッと揚げる。サクッと歯切れのよい食感が心地よく、その後にじゅわっと口に広がる肉の旨みを味わえば幸せになること間違いなし。黒毛和牛のロースやサーロインなど、肉の種類によって油の温度や揚げ時間を変え、一番美味しい状態で提供してくれる。京都駅前の他、清水寺、先斗町にも店を構え、いずれも人気ゆえ行列は覚悟して訪れよう。

牛カツはまずはわさび醤油でシンプルに、山椒塩とカレーつけ汁で味の変化も楽しめる。牛ロースカツ膳1280円などの御膳メニューは赤だし・キャベツを+108円でおかわり自由にすることができる

京都勝牛 京都駅前
キョウトカツギュウキョウトエキマエ

[烏丸七条] p90_MAP4

京都市下京区七条通烏丸東入ル真苧屋町211
☎075-365-4188　⊙11:00～22:00(LO/21:30)
㊡無休　予算／1200円～　http://kyoto-katsugyu.com/

ミディアムレアの牛カツが食べられる！揚げる時間はなんと60秒だそうです！

MKタクシー
岸本有史さん ドライバー歴21年

私のイチオシ

05 とっておきのお店・逸品

本場の韓国料理

料理上手なオモニが作る本格的な韓国料理を楽しむ

韓国料理研究家を母に持つオモニが作る、本格的な韓国の家庭料理がいただける。「家庭の延長上なので美味しくて体に良いものを」と海鮮も豚も黒毛和牛も国産のみを使用。中でも自慢のチヂミは、一度食べたら次もリピートしたくなるという逸品。海鮮チヂミは桜エビの香ばしさと表面のパリッと具合に対する生地のふんわり感が絶妙だ。トマトや山イモなど旬の野菜で作るキムチもおすすめ。

ぜひ食べてほしい海鮮チヂミ760円は中にホタテやイカなど具沢山。生ホタテ熱々ごま油がけ800円は、上質のごま油を惜しげもなくかけた一皿で、辺りに香ばしい香りが広がる。大徳寺の目の前にある家族連れでもゆっくりできる店内。ランチタイムにはスンドゥブチゲやビビンバ定食が人気。キムチ盛りは720円

牙山
アサン

[紫野] p88_MAP2

京都市北区紫野雲林院町22 ☎075-432-8416
⊙ 11:30〜14:00、18:00〜23:00、日曜・祝日17:00〜23:00
㊡ 月曜休(祝日の場合は営業、翌日休)、日曜・祝日昼休
予算/2000〜 http://asan-korea.com/

たいへん素朴な味。焼き肉屋では味わえない、純粋な韓国料理です。

MKタクシー
青木龍煥さん ドライバー歴9年

京都タクシードライバーのクチコミグルメ 06

創意溢れるうどん

寛げる桂坂の一軒家の食事処で豊富に用意された麺メニューを

入ってすぐにケーキのショーケースがある店内はうどん屋さんというよりカフェのよう。靴を脱ぐスタイルは好きなだけ寛いでほしいという店主の気遣いから。職人歴約30年の店主は手打ちうどんだけに留まらず、寿司、コーヒー、ケーキまで揃える。店名物のちゃんどん780円は、ちゃんぽんうどんから名付けられ、和風ダシに鶏ガラをプラスした野菜あんかけうどん。たらこバターなどトッピング10種類を用意。

和風ダシをベースにアーモンドや練りゴマ、唐辛子を加えた汁に焼豚がたっぷりトッピングされたピリ担麺(温)980円は、マイルドな辛さ。さぬきうどんの麺はもっちりしたお餅のような食感。冷製もあり。ファンが多いアップルパイ490円。お食事セット(和)は創作寿司に手打ちうどん(天ぷらうどんをセレクト)1290円が付く。

> 住宅街の一角にある、カフェのような和モダンな空間で食すボリューム感満点のうどんが好き。食後のケーキもオススメです。テーブルが大きめなので隣が気になることもありません。
>
> MKタクシー
> **北野 巧**さん ドライバー歴13年

私のイチオシ

桂坂 十兵衛
カツラザカジュウベエ

[桂坂] p87_MAP1

京都市西京区御陵大枝山町5-26-6
☎075-333-8555 ⓉⓄ11:00〜18:00
休 月曜休(祝日の場合は翌日休)
予算／和風ちゃんどん780円

かわいいおはぎ

食べる人に福をもたらしてくれそうなおばあちゃん手作りの色鮮やかなおはぎ

八坂の塔のほど近くで、おばあちゃんがひとりで営む素朴なおはぎの店。こんなカラフルなおはぎ見たことない！と驚く色とりどりのかわいいおはぎは、定番の小豆やきな粉の他、青海苔、黒ごま、うめ、古代米などで色づけしてある。抹茶とおはぎ700円、コーヒーとおはぎ700円などイートインも可能。無くなり次第終了なので、閉店ギリギリより少し早めに訪れるのがおすすめ。

小豆、きな粉、青海苔、青梅など色鮮やかなおはぎ全8種類。白小豆200円を除いて、1個170円。ころっとしたサイズに、モチモチとした食感が美味しい、目にも楽しく、お腹と心が同時に満たされるおやつ。おばあちゃんの手によって丁寧に丸められたおはぎは、店名の通り、食べる人に福を呼んでくれそう

小多福
オタフク

[東山安井] p92_MAP6

京都市東山区小松町564-27
☎075-561-6502 ～10:00～18:00※売り切れ次第終了
休木、第4水曜休 ／予算／1000円～

おはぎがきなこと小豆の他に6種類あります。一口サイズです。

西都交通
石村公志さん ドライバー歴23年

京都タクシードライバーのクチコミグルメ 08

絶品のカヌレ

フランス人から手ほどきを受けた チョコ色の香ばしいカヌレ

今年でオープン21年目を迎える、街角の小さなパティスリー。フランス人直伝の伝統菓子の「オペラ」をはじめ、本場の味に忠実なフランス菓子を披露してくれる。中でも土曜日限定で40個程度しか販売しない「カヌレ」が評判。高温でチョコレート色になるまでじっくりと焼き上げて、外はカリッと香ばしく、中はもっちりとした食感が楽しめる。これを目当てに訪れる、長年のファンも多いとか。

フランス製の型で焼く、土曜日限定のカヌレは1個205円。ボルドーカヌレ協会が定めた粉の配合を再現している。焼き上がりは11時ごろ。「非常に手間がかかるので、一度はカヌレの販売をやめたのですが、再開を望むお客様が多くて（笑）」と、オーナーパティシエの松本さん。店はひと際目を引く真っ赤なファサードが目印。

パティスリー デリス
パティスリーデリス

[西賀茂] p89_MAP3

京都市北区大宮東小野堀町1-111　℡075-493-0002
営10:00～19:00　休第1・最終週の日曜、第2・第3水曜休
予算／ケーキ356円～

私のイチオシ

土曜日にだけ販売しているカヌレが絶品です。全国区にもなれそう！

MKタクシー
池原正澄さん　ドライバー歴20年

09　とっておきのお店・逸品

手打ちそば処 みな川
テウチソバドコロミナガワ

【北白川別当町】　p88_MAP2

知る人ぞ知る北白川の名店で個性豊かな2種類の細打ちそばを

夫婦二人で営む手打ちそば処。長年そば職人として修業し、たどりついたのが2種類の細打ちそば。一つは長野県産を主に茨城県産と合わせ独自に配合、繊細な香りとシャキッとした食感が特徴の親しみやすい九割そば。もう一つが長野県産100%、野趣に富んだそば本来の香りを活かした十割で打ちあげたあらびきそば。壁には人気俳優のサインが多数飾られ、芸能人たちが秘かに通う隠れた名店と知られている。

京都市左京区北白川山田町67-18
☎075-724-2340　11:30～15:00、18:00～21:00
休 水曜の夜、木曜休(祝日の場合は営業)
予算／昼・夜1000円～　http://soba-minagawa.com/

うどん・そば

京都タクシードライバーのクチコミグルメ　10

定番の九割そばと十割そば、そばの魅力がたっぷり味わえる味がさね1296円は開店以来の人気メニュー。あっさり味のそばの白和え付き。プラス150円で炊込みごはんや3尾の小海老天ぷら600円など追加も可能。つゆは本節鰹でじっくり煮出し、熟成かえし醤油で仕上げた飽きのこない味わい。朝早くから主人は仕込みをして客を迎える準備をする

私のイチオシ

美味しいです！

都大路タクシー
濱田 彰さん ドライバー歴14年

うどん・そば

古都の風情を感じるそばとうどん
名物の後は桜茶でホッといっぷく

大徳寺前のそば屋さん。徳寿の名物紫野そば、山菜やとろろがたっぷり入った冷やしそば、最高です。お口直しに桜茶が付いています。

都タクシー
髙谷まさ子さん
ドライバー歴8年

紫野そば1250円は、とろろや山菜が入った冷やしそば。生卵を絡めながら、そばののど越しが堪能できる。名物を注文すると、桜の塩漬けを浮かべた桜茶がサービスされる。茶碗の中で浮ぶピンク色がとてもきれい。風情ある町家造りの空間の店先では自家製のちりめん山椒などの販売もされている

徳寿
トクジュ

[紫野] p89_MAP3

大徳寺に面して建つ、町家造りの佇まいが趣きあるこちらでは、京風の自家製天然ダシで味わうそばやうどんを堪能。名物は京湯葉や京豆腐を使った「徳寿うどん」、ぶっかけそばにとろろや山菜を添えた「紫野そば」、にしんと京湯葉を使った「門前そば」の3種。足休めにぴったりの甘味処としても利用でき、モチモチの白玉が入った「お抹茶白玉」が人気。お土産には、半生タイプで柔らかく仕上げた手づくりちりめん山椒を。

京都市北区紫野下門前町27-1　☎075-492-1090
営11:00〜16:00※ダシ、麺がなくなり次第終了　休不定休　予算/徳寿うどん1250円

一休亭
イッキュウテイ

[南禅寺] p90_MAP4

南禅寺の門前で昭和54年に開店。ぽかぽかと体を温める生姜あんかけの「たぬきうどん」や、身欠きニシンの甘露煮を添えた「にしんそば」など、京都人がこよなく愛する麺類を楽しませてくれる。「些細なことで味が変わるから、このダシは私じゃないと作れないの」と微笑む店主の浅野さん。利尻昆布と鰹節だけのシンプルなダシながら、繊細で奥行きのある味わいに感嘆する。とろとろ卵の親子丼も人気。

京都市左京区南禅寺草川町69 ☎075-751-7866 ⑬11:00〜15:30 ㊭不定休 予算／麺類650円〜 http://kyo19.com/

京風たぬきの透き通るようなあんかけとおろし生姜の風味がクセになります。白いごはんがものすごく美味しく、一緒に付いてくる昆布と山椒の実を炊いた佃煮も、ものすごく美味しい。

MKタクシー
四方大輔さん ドライバー歴13年

名物の京風たぬきうどん900円。京都で"たぬきうどん"といえば、油揚げとネギ、おろし生姜を添えてあんかけにしたもの。こちらでは、もちもちと柔肌の細麺を使用。ご飯200円を注文すれば、自家製の塩昆布がセットになる。店主の浅野さんは外国人客も多いため、英会話を勉強中とか

**京都のうどんはダシが自慢
ちゅるっと柔らかい細麺と共に**

こだわり気質の職人技が冴え渡る
ボリューム満点の手打ちそば

サクサク衣に包まれた揚げたての天ぷらを、別皿に盛り付けて供してくれる天ぷらそば1100円は、麺のボリュームもたっぷりで、男性でも充分に満足できる。「粗く削った鰹節を使うのは、じっくりと時間をかけてコクのあるダシを取るためです」と店主の三井田さん。創業は平成元年、哲学の道や銀閣寺にほど近い住宅街の一角にある

天ぷらの種類、
価格が素晴らしい！

MKタクシー
遊津嘉秀真さん
ドライバー歴6年

そば処 越後
ソバドコロエチゴ

[浄土寺] p88_MAP2

大阪でそば打ち職人として、また和食の料理人としても修業を重ねた店主。無農薬栽培の米・ワシントン州産のそば粉をはじめ、北海道幌加内産のそば粉など、国内外を問わず上質の素材を見極めて仕入れている。そばのダシには粗めに削った3種類の削り節類、鰹、うるめ、めじかなどを使用。凛とした上品な味わいに、一滴残らず飲み干したくなる。そば茶プリンが付いた人気のレディースセットは1575円。

京都市左京区浄土寺下南田町3-1 ☎075-751-0127
⑬11:00〜15:00、17:00〜20:30 ㊭火曜休（祝日の場合は営業） 予算／ざるそば780円

> サイドメニューのグレードが高いうどん屋さん。
>
> MKタクシー
> 渡辺優也さん ドライバー歴7年

手打うどん けんどん屋
テウチウドンケンドンヤ

[伏見] p93_MAP7

圧力釜で湯がかれる太麺のうどんは、独特のもっちり感がまるでお餅のよう。「この圧力のかけ具合にするために苦労しました」と店主の高橋さん。茹でるのに時間がかかるため、少し待つ場合もあるが、その待つ価値ありの逸品だ。人気のサイドメニューは夜のみ。天ぷらやとんかつなどあるが一番人気は若鶏の唐揚げ。大ぶりの鶏は表面の皮がパリッサクッで中はジューシー、うどんとの相性も抜群。

京都市伏見区深草一ノ坪町41 パールハイツイナリ1F
☎075-641-1330 営 11:00～14:30、17:00～20:30
休 水曜日・月1不定休　予算／男爵コロッケ450円
http://ameblo.jp/kendonya/

待ってでも食べる価値あり もっちり感がやみつきに

大きな揚げがインパクトある、きつねうどん630円。昆布の旨みが強いダシが上品。皮のパリッと感がたまらない若鶏の唐揚げ450円。この唐揚げに白ご飯とかけうどんまたはぶっかけうどんがセットになった、から揚げ定食980円は人気メニュー。ゆっくり座れるテーブル席とカウンターがある。外国人観光客も多く、英語メニューもスタンバイ

牛スジカレーうどん700円。大鍋で柔らかく炊いた牛スジはクセになる味。そしてカツオと昆布ダシで炊いたカレー、コシのある麺との三位一体感がたまらない。ちなみに辛さは、食べた後にそっと辛味がやってくる程度。辛い場合は温泉卵100円をトッピングするのもおすすめ。席数はカウンター、テーブル、座敷合わせて36席。駐車場は4台分有

手打ちうどんやまびこ
テウチウドンヤマビコ

[伏見] p93_MAP7

大きなスジ肉がゴロッと乗ったこのうどん。一見、キムチうどん？と思いきや、こちらは人気メニューの牛スジカレーうどんだ。ヤンニンジャンと数種類の調味料を加え、トロトロになるまで手間を掛けて仕上げた絶品の牛スジとカレーがドッキングした一品。うどんは讃岐の製法で作られたツルツル、シコシコでコシのある細麺。ダシとよく絡み、リピーター続出なのもうなづける。

牛スジ、手打ちうどん、カレーの三位一体感を味わう

京都市伏見区肥後町375　☎075-622-2886
営 11:30～19:30　休 月曜、第2火曜休
予算／酒粕うどん630円

> カレーうどんが絶品！
>
> MKタクシー
> 山本 均さん ドライバー歴24年

 京都タクシードライバーのクチコミグルメ

丁寧にとるダシが美味しさの秘訣 祇園界隈の名所的存在の麺処

そば処 おかる
ソバドコロオカル

[祇園] p92_MAP6

大正12年に甘味処として創業し、時を重ねて人気の麺処に。赤提灯が目印の風情ある店構え。店内の壁一面には有名人の色紙や舞妓さんのうちわが飾られ祇園らしさを感じる。定番のきつねやにしんうどんに加えてメニューに並ぶ、人気の肉カレーうどん880円は、他店とは一線を画す味。スパイスを利かせたスープとコシある麺とのバランスが絶妙で、昼・夜に長蛇の列ができるのも納得。

京都市東山区八坂新地富永町132 おかるビル1F
☎075-541-1001
⊕11:00～15:00、17:00～翌2:30、金・土曜～翌3:00
㊡無休　予算／昼・夜700円～

毎朝、女将が利尻島産の昆布にサバやウルメなどを加え、1時間かけて丁寧にダシを引く。写真のにしんうどん1100円は、そばが定番だが、好みでうどん麺にも可能。京都らしい落ち着きある佇まいも人気のひとつ

私のイチオシ

京都を旅行すると、友人からのオススメであっさりとした和食を食べることもしばしばありますよね。こちら「おかる」では、カレーうどんがオススメ。結構スパイシーなカレーダシにしっかりとしたうどん麺。香川県高松市（讃岐うどんの本場）生まれのドライバー言うからには、間違いありません（笑）

都タクシー
森　健さん ドライバー歴15年

挽きぐるみの香り高い戸隠そばを現地さながらのスタイルで提供

戸隠流そば打ち処 實徳
トガクレリュウソバウチドコロミノリ

[白川今出川] p88_MAP2

主人はスキーで出かけた信州で、戸隠そばと巡り会う。感銘を受け、2年間の修業の後に自分の店を開業。戸隠流の特徴である挽きぐるみのそば粉を使い、季節によって粉の手触りで加水量を微調整、テンポよくまるくのし上げる。そこまで気を遣っても、自分の日々のバランスなどで微妙に変わってしまう蕎麦打ちという作業に対して、常に心血を注いで臨んでいる。そば打ち教室も主宰している。

京都市左京区北白川久保田町57-5 ☎075-722-3735
⊕12:00～14:00、18:00～21:30、日曜・祝日～15:00　㊡火曜休
予算／昼1200円～、夜2000円～　http://www.soba-minori.com

根曲竹のざるにぼっち盛りという現地のスタイルで供される大とろざる1180円。香りたつ蕎麦をたぐって口へ運ぶと、みずみずしくピチッと角のたった蕎麦の、のど越しのいいこと。鰹節を利かせたつゆは辛めの関東風だから、蕎麦を全部沈めるのではなく、先だけをつけるのがコツ。少しとろろを入れるとまろやかに

本格的な手打ち蕎麦。ゆっくりと時間がある時に伺います。

都タクシー
荒河徹哉さん ドライバー歴20年

私のイチオシ

昭和にタイムスリップしたような佇まいと懐かしい京の味を楽しむ

> 近所の方が通う街のうどん屋さん。甘く炊いたあげのきつねうどんは絶品。実はわらび餅も美味しい。
>
> MKタクシー
> **橋本広己**さん ドライバー歴4年

道八
ドウハチ

[伏見稲荷] p93_MAP7

地元で存在感を放つおうどん屋さん。創業は昭和初期、当時の雰囲気そのままの佇まいは客を和ませる。柔らかなうどんも懐かしい京都の味で、鰹と昆布が香るダシは味わい深い。伏見稲荷大社の門前らしく名物はいなりうどんで、お稲荷さんにちなんだお揚げ、宝玉に見立てた卵、稲荷山を模したかまぼこと、まさにこの場にふさわしい一杯。つるんとした食感が心地よいわらび餅330円など甘系もおすすめ。

京都市伏見区深草祓川町15 ☎075-641-1951
営 10:30〜19:00※売り切れ次第終了
休 金曜休(祝日の場合は営業、前日の木曜休)
予算／きつねうどん360円〜

ふっくら、ほどよく甘めに炊いたお揚げがダシとよく合い美味しいと評判のいなりうどん620円。シンプルながら、ホッとする味つけは心を豊かにしてくれる。駅からほど近くに店を構える[道八]は創業以来、ほとんど変わらない趣きある設えで寛げる空間

京都タクシードライバーのクチコミグルメ 16

薮そば
ヤブソバ

[西洞院中立売] p88_MAP2

5代目が継ぐ老舗のおそば屋さんで季節の味覚が味わえる変りそばを

創業は1874年。看板を守る5代目店主が1日数回そばを打ち、140余年の歴史に裏打ちされた味を継ぐ。おすすめの変りそばは、春はよもぎ、夏は大葉といった季節の味が堪能できる。焼き魚や小鉢にごはん、そばが付いた、おまかせ昼ごはん800円をはじめ、コストパフォーマンスの高さに昼時はにぎやか。美味しい酒をお供に楽しめる一品も魅力で、馴染客から飲み処としても愛されている。

京都市上京区西洞院通中立売上ル三丁町448-3
☎075-441-6059
営11:30〜20:00　休祝日休　予算／昼800円

味わい深くて美味しい！

都タクシー
江村 明さん
ドライバー歴12年

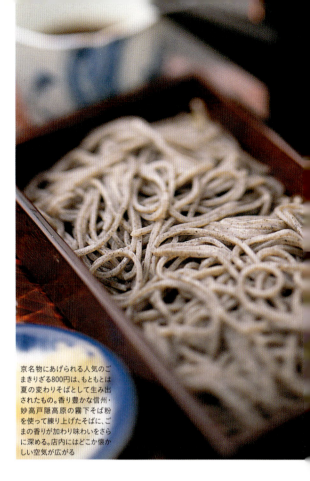

京名物にあげられる人気のごまきりざる800円は、もともとは夏の変わりそばとして生み出されたもの。香り豊かな信州・妙高戸隠高原の霧下そば粉を使って練り上げたそばに、ごまの香りが加わり味わいをさらに深める。店内にはどこか懐かしい空気が広がる

とりごはん、ヘレカツ丼がうまい！水泳で汗を流した後、よく食べに行った思い出も。

MKタクシー
大谷岳生さん　ドライバー歴13年

英多朗
エイタロウ

[烏丸錦] p92_MAP6

讃岐手打ちうどんと本格ラーメンが楽しめる麺好きに嬉しい美味な店

手打ちうどんが生業だが、麺好きが高じて店主自ら食べ歩き研究の末、本格ラーメンを完成させた。その自信作がゆずラーメン。鶏ガラベースに鰹のダシを合わせ、あっさり醤油味のスープに背脂をたっぷり加えまろやかに仕上げる。アクセントに柑橘の酸味と唐辛子でキリッと味を引き締め、あと口爽やかで女性から人気。秘伝の味を絡めたカレーラーメンをはじめ、うどん、定食など多彩なメニューが充実。

京都市中京区錦小路通烏丸東入ル元法然寺町683 烏丸錦ビル1F　☎075-211-2239
営11:00〜14:40、17:00〜22:20、土曜・祝日〜21:20
休日曜休　予算／中華そば700円
http://www.kyoto-eitaro.com/

好評なゆずラーメン700円。5種の削り節を配合して取るダシは、香りと旨みを最大限に活かすよう工夫されている。チャーシューは紅茶と一緒に煮込むことで、臭みを少なくし柔かな肉質に。2種類の柑橘果汁がアクセントになり爽やか。カレーうどん780円も人気

うどんを始め何でも美味しいですが、名物の「ゆずラーメン」は独特の忘れられない味です。

MKタクシー
柴田大輔さん　ドライバー歴12年

風情ある路地奥の麺＆定食屋でカレー×ラーメンの奇跡の出合い

めん坊 やまもと
メンボウヤマモト

[室町四条] p92_MAP6

オフィスワーカーがせわしなく行き交う四条烏丸界隈。京都らしい風情の漂う路地奥で、ボリューム満点の麺類や定食などを提供しているこちらは、ランチタイムともなるとサラリーマンで混み合う。全メニューを支えるダシは、3種のカツオ節を自家削りして昆布と合わせたしっかり系。定食750円〜、弁当850円〜、天ぷらそば800円などどれを頼んでもハズレがないと定評がある。

京都市中京区新町通四条上ル東入ル観音堂町473
☎075-255-0856
営10:00〜20:00(LO)、土曜〜14:00
休日曜、祝日、第3土曜休　予算／昼・夜1000円〜

カレーうどんの麺を中華麺に替えて注文できます。ダシのきいたカレーと中華麺のモチモチ感が最高、お昼にどうぞ！

西都交通
藤本　均さん　ドライバー歴7年
私のイチオシ

お皿一杯に広がる大きくて分厚いロースカツを、自慢のダシでとろとろの卵とじにした、とんかつ玉定食1100円の他、人気メニューはあげカレーうどん730円に、肉カレーうどん750円。うどんを中華麺にしても価格は同じなのでうどん屋さんでカレーとラーメンが出合う異色のコラボメニューは是非おためしを

地元の名士が足しげく通う変わらない丁寧な味わいの蕎麦

西陣ゑびや
ニシジンエビヤ

[大宮今出川] p88_MAP2

西陣の町並みにとけ込んだノスタルジックな外観に、昭和な雰囲気が漂う店内。創業50年、お母さんをはじめ、家族で営む昔ながらの蕎麦屋だ。毎朝、当日に削る鰹節と、自家倉庫で寝かせた昆布を合わせてひいたダシは、丁寧な仕事が活きた風味豊かな味わい。お昼はココ、と決めている地元の名士も多いからか、日替わり定食には中華や揚げ物などを幅広く織り交ぜ、飽きないようにと心を配る。

京都市上京区大宮通上立売下ル芝大宮町21
☎075-441-8737　営11:00〜19:00(LO)
休水曜休　予算／ランチ1000円〜、夜一人1500円〜

古き良き時代のうどん、そば、定食のお店。

MKタクシー
蔵谷　平さん
ドライバー歴10年
私のイチオシ

サクッと揚がった天ぷらが自慢の、天ぷらとかやくごはんセットは、日替わり定食で750円。ハンバーグとうどんのセットや、煮物とにゅうめんなど、バラエティに富んだ人気メニューが意外なコラボレーションを見せる日替わり定食。蕎麦やうどんに限らず、とんかつ定食や丼ものなども揃う

香り高く歯ごたえしっかり通を魅了するふくよかな味わい

綱道
ツナミチ

[北大路] p88_MAP2

北大路駅から少し入り組んだ路地の奥。カウンター割烹風のしっとりした店構えの中、お品書きには「そばきり」や「うんどん」など昔ながらの呼び名が並ぶ。この道に入って約30年の店主が、伝統の製法と出雲のそば粉や無漂白の薄力粉など素材一つひとつを吟味して完成させた蕎麦・うどんは、豊かな風味が広がる自信作ばかり。奥には座敷席もあり、家族連れでもゆっくりと落ち着ける。

京都市北区北大路通烏丸東一筋北入ル
小山北上総町39-2
☎075-492-7860　営11:00〜21:00(LO)
休土曜、毎月18〜20日休　予算／昼・夜1000円〜

手打ちうどんを作るご夫婦の働きぶりが素晴らしいです。

MKタクシー
柴田大輔さん　ドライバー歴12年
私のイチオシ

手打ち田舎蕎麦のざるそば810円。蕎麦本来の甘みと香り、それに栄養価もバツグン。常連さんから定評のあるその他のおすすめはごぼう天うどんやはごろもうどんや細うどんなど。うどんはクニュンとした柔らかな食感でありながらコシも充分。薄味の上品なダシと相まって、食後は満腹感だけではなく幸福感に満たされる

辨慶 東山店
ベンケイヒガシヤマテン

[川端五条] p92_MAP6

もともとは五条大橋のたもとで屋台の営業をしていたという、味わい深いうどん屋さん。深夜まで利用できるので、飲んだ後の口直しにもぴったり。少し濃いめのダシと、細くてやわらかいうどんが、するすると心地よくお腹に収まっていく。食べると額に汗がにじんでくるピリ辛きんぴらが入ったべんけいうどんや、ダシの味をしっかりと感じられるカレーうどんが人気。

京都市東山区五条大橋東入ル東橋詰町30-3
☎075-533-0441 営11:30〜翌3:00
休日曜休 予算／1000円

すじカレーうどん850円の主役はあくまでも伝統のダシ。べんけいうどんが930円。20時まではお得なセットメニューが用意されていて、天かすのかけうどんとかやくごはんのセットが770円など

> シメに嬉しい濃いめのダシ
> 深夜まで絶えぬ客足が旨さの証

> あんかけのカレーうどんは、カレーとダシのバランスが絶妙。京風カレーうどんをおためしください。

キャビック
吉川克彦さん ドライバー歴4年

> 京都にない関東風を思わせる濃いダシの感じがよい。

都大路タクシー
梅名正純さん ドライバー歴14年

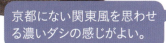

竹邑庵太郎敦盛
チクユウアンタロウアツモリ

[丸太町] p90_MAP4

> 他店とは一線を画す風格と
> もっちりとした弾力のあつもりそば

大通りから一本奥に入った路地裏。石畳を進んだところに佇む蕎麦屋で、名物・あつもりそばが楽しめる。運ばれてきたせいろの蓋を開けると、湯気とともに深い黒めの色をした蕎麦が。茹でた後、水にさらさずせいろで提供するため、もちもちと弾力のいい麺に、つゆや薬味がよく絡む。檜製のせいろや朱塗りの器が風情を醸し、蕎麦通も満足させる。最後は滋養がしみ出した蕎麦湯で〆て。

京都市上京区欅木町通烏丸西入ル
養安町242-12
☎075-256-2665
営11:30〜15:00(LO／14:30)
　18:00〜21:00(LO／20:30)
休土曜夜・日曜、祝日休 予算／昼・夜1000円〜

あつもりそば一斤900円、一斤半950円。山盛りの九条ネギと鶏卵が入った椀につゆをかけ、蕎麦をよく絡ませていただく。「体にいいものを丸ごと食べて欲しい」という先代の想いから、殻つきのまま挽いた玄蕎麦を使用。栄養が丸ごと体にいきわたる気分。追っかけ皿そば900円は出石そば風にまめ皿で提供。おかわりの追い皿1枚100円

> 美味しい。厳選した花かつおと利尻昆布のダシが最高。九条ネギが蕎麦の風味を引き立てる。

MKタクシー
森田智幸さん ドライバー歴10年

こなもん

坪庭が見える京町家で
本格広島焼と鉄板料理を

広島焼豚入り850円。他にエビ、イカ、ミックスがある。麺は中華麺かうどん、またはミックスが選べる。写真左は牛ハラミ1000円。築100余年の町家は天井が高くて開放的。服に匂いが付かないようスーツカバーを用意したり、鉄板のカウンターに座ったゲストにはエプロンの貸し出しをするなど心遣いが嬉しい。個室やベビーベッドがあるので赤ちゃんがいる家族連れも安心

広島鉄板 叶夢
ヒロシマテッパンカム

[烏丸松原]　p92_MAP6

本格的な広島焼が食べたくなったら、天かすとイカ天が入った本場の味が楽しめるこちらへ。広島焼に欠かせない麺は広島から生麺を直送。焼く直前に湯がくので、モチモチとした食感が楽しめる。最後に上から掛けた「カープソース」をジュッと焦がして完成。イカ天の風味とキャベツと麺の焼き加減が絶妙だ。他に和牛サーロインやとんぺい焼きなど鉄板料理も豊富で、お酒も進みそう。

京都市下京区松原通烏丸西入ル玉津島町315
☎075-343-3555　営11:00〜14:30、17:00〜23:00
休日曜休（連休の場合は営業、翌日休。ただし日曜が祝日の場合はランチ休）
予算／エビのアヒージョ パン付800円　http://kamu13.sakura.ne.jp/

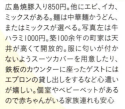

本場広島風のお好み焼きの味がきちんと出ています。スーツにソースのニオイが付かない配慮や清潔なお手洗いも好感度大。

MKタクシー
北野 巧さん　ドライバー歴13年

和めるアットホームな雰囲気で
ホルモン入りお好み焼きを堪能

甘辛くしっかり煮込まれた牛スジがたっぷり入ったスジ玉700円。コクと旨みが相まって、お好み焼きの生地に溶け合い美味。コリコリと噛み応えがあり噛むほどに美味しさが口中に染みる。もっちりした粉との相性もよい

地元の人が通うお好み焼き屋さん。

吉野
ヨシノ

[東山七条] p90_MAP4

三十三間堂の裏手、細い路地裏にある[吉野]。開店以来40余年間、地元客が通い詰める不動の人気店。店の看板であるお母さんが人なつっこい笑顔で出迎えてくれる。こちらは新鮮ホルモンの旨みを生地に仕込んだお好み焼きが名物。中でもスジとホソが入ったそば入りミックス玉1240円は好評で、次々に注文が入る。生地と具材のバランスが絶妙でリピーターが多いのに納得。トッピングの追加200円〜もアリ。

京都市東山区大和大路通塩小路下ル
上池田町546
☎075-551-2026
営 11:00〜21:00(LO／20:30)
休 月・火曜休　予算／お好み焼き700円〜

京都タクシードライバーのクチコミグルメ　22

目の前で焼かれるお好み焼きとオモニの笑顔に元気になれる

チーズ玉630円。鉄板でカリッカリになったチーズに甘めのソースが良く合う。ちなみにソースは甘口と辛口の2種類。「ミックスするのも美味しいよ」とオモニ。砂ずり480円とキムチ350円。キムチはもみ込む時の力加減が美味しさの秘訣とのこと

お好み焼き くれしま
オコノミヤキクレシマ

[田中里ノ前]　p88_MAP2

田中里ノ前の交差点から路地を入った所に長年店を構えるこちらは、京大の学生を始め多くの若者達に愛されてきたお好み焼き店。定番の豚やイカ、モダンなど、ほとんどが600円前後という驚きの安さ。中でもおすすめは、豚肉が入ったチーズ玉。焼き上がるにつれ香ばしいチーズの香りが辺りに広がる。それからオモニ手作りの白菜キムチは忘れずに。お腹も心も満たされること間違いない。

京都市左京区田中里ノ内町114-2
☎075-711-6055　営18:00〜24:00
休水・木曜休　予算/ブタ玉580円

お好み焼きも美味だが、在日韓国人のオモニが作る一品、特にキムチはてづくり。自家製でハズレなし。

私のイチオシ

MKタクシー
青木龍煥さん　ドライバー歴9年

食堂・定食・丼

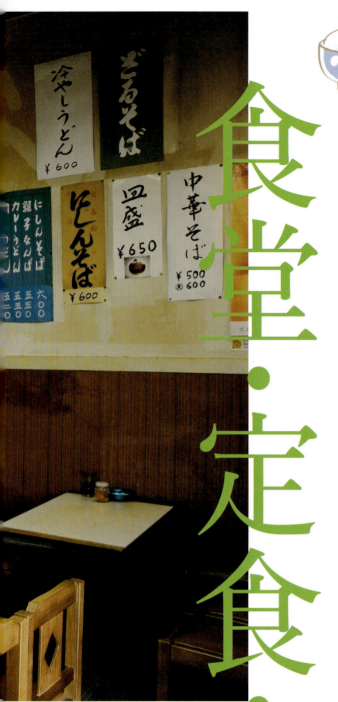

初めて行くけれど懐かしい気持ちにほっと落ち着く味と店の雰囲気

篠田屋
シノダヤ

[三条京阪] p92_MAP6

明治37年創業、現在の主人は4代目という歴史を持つ食堂。名物の皿盛りは先代にあたる現主人のお母さんとお客さんとの温かいエピソードがある。常連さんが「カレーうどんのルゥをごはんにかけて、冷めやすいように皿に盛りつけて」とオーダーしたのがきっかけだとか。床のタイルや、レトロなテーブルも昔から変わっておらず、これからも訪れた人の心に刻まれるだろう一軒。

京都市東山区三条通大橋東入ル大橋町111
☎075-752-0296 営10:30〜15:00、16:30〜19:00
休土曜休　予算／昼・夜700円

鶏ガラをベースに懐かしいあっさり醤油味の中華そば500円は、コショウがはじめからかけられているのが特徴。皿盛650円は、とろみのあるルゥと、薄くカリカリに揚げられた豚カツがベストマッチ。にしんそばは600円

京都タクシードライバーのクチコミグルメ　24

25　食堂・定食・丼

ちょっと小腹が空いたとき、ワンコインで食べられる中華そば。いかにも昔懐かしい中華そばで、あらかじめコショウがかけてあるのがニクいところ。レトロでほっとする店の雰囲気。

キャビック
鈴木　周さん　ドライバー歴2年

柔らか食感の
北海道産ブランド豚と
秘伝のソースで
ゲストを満足させる

とんかつ一番
トンカツイチバン

[七条大宮] p90_MAP4

路地裏に店を構える隠れ家風、うなぎの寝床である町家を改装した洋食屋。昭和24年に木屋町で創業して以来、名物のトンカツを看板メニューに掲げ地元客から愛され続けている。国内のブランド豚で試作を繰り返し、たどりついたのが北海道産ブランド豚「夢の大地」。肉厚なトンカツに一番合うとのこと。秘伝のドミグラスやクリームなどソース類もほとんど自家製で、料理の美味しさを引き立てる。

京都市下京区黒門通木津屋橋上ル徹宝町403
☎075-371-0722　⊙11:30〜14:00、17:00〜20:30
㊡第2・4・5日曜休　予算／ヒレ肉のとんかつ1080円
http://www.tonkatsuichiban.com/

北海道産ブランド豚「夢の大地」をラードと胡麻油で揚げるサクサクで柔らか食感のロースとんかつ918円。5日間かけて煮込んだスープにルーを加え、2日間弱火で馴染ませ仕上げる秘伝のデミグラスソースがカツにかけられ、マイルドな風味が広がる。平日限定の日替わり定食650円あり

リーズナブルランチがお得。昔ながらのトンカツです。

都タクシー
荒河徹哉さん　ドライバー歴20年

西陣 鳥岩楼
ニシジントリイワロウ

[西陣] p89_MAP3

京情緒漂う数寄屋造りで滋味溢れる鶏の白濁スープを

暖簾の奥は数寄屋造りの風情が漂う佇まい。季節の移ろいを感じられる庭を眺めながら、店名物の鶏の水だきをじっくり味わいたい。25kgもの鶏ガラをおよそ6時間かけて煮出したスープは、白濁のとろりとしたコクと旨みが詰まった逸品。鶏の美味しさが凝縮されたまろやかな味わいは訪れた客を魅了する。昼はぷりっとした地鶏とトロトロの卵の黄金コンビの親子丼が大人気。鶏本来の旨さが実感できる。

昼限定メニューの親子丼900円は地鶏もも肉と卵のみのシンプルな組み合わせだが、味のクオリティは極上。水だきのベースになる名物スープも付く。夜は肝ベーコン巻きなど季節の八寸、ごはん付きの水だき6480円(サ別・要予約)は、栄養たっぷりの豊潤で滋養豊かな味に感動。まずは山椒七味と生姜を入れてスープを味わいたい

京都市上京区五辻通智恵光院西入ル五辻町75
☎075-441-4004 営 12:00～14:00、17:00～21:00(LO／20:00) ※夜は水炊きのみ
休 木曜休　予算／水炊き6300円(サ別)

かしわの水炊きで有名ですがここの親子丼は他にはない旨さがあります。建物も西陣らしい。坪庭は見事です。

私のイチオシ
都タクシー
松村俊夫さん
ドライバー歴14年

ここら屋 御幸町本店
ココラヤゴコウマチホンテン

[御幸町六角] p92_MAP6

築120年の昔懐かしい町家を利用した店内。"おうちごはん"がコンセプトの定食ランチは、食べる人の栄養を第一に考えた愛情たっぷりの家庭料理が所狭しとちゃぶ台に並ぶ。メインの魚or肉と、旬の野菜がごろごろ入った多品目の小鉢、煮物や味噌汁、漬け物など、お母さんが家族のために作るごはんのよう。男性でもお腹いっぱいになるボリュームで、体も心もホッとすること必至。

京都市中京区御幸町通三条下ル海老屋町332-13 ☎075-211-3348
営 11:30～14:00(LO)、18:00～22:00(LO／21:30) 休 火曜休(祝日・祝前日の場合は営業)
予算／昼1000円～、夜2500円～

昔懐かしい和室のちゃぶ台で家族と味わったおうちごはんを

お昼のランチがお得。日替わりで1000円ほどでお腹いっぱい。京町家の雰囲気も素敵です。京のおばんざい中心のメニューです。夜も開店。ランチは混み合うので少し早めがオススメです。

MKタクシー
上田真人さん　ドライバー歴8年
私のイチオシ

ここら屋ミックス定食1280円は色とりどりの新鮮な季節野菜をモリモリと合わせた小鉢と、肉・野菜のメインが一品ずついた豪華ランチ。その他ここら屋定食は肉か魚かどちらか一品に小鉢が2種で980円。夜には季節のおばんざい盛り合わせ3種740円もあり、ヘルシーなアテでお酒を楽しむのも一興

魚介の目利きには自信あり
満足間違いなし！魚づくしのランチ

とと河岸
トトガシ

[藤森] p93_MAP7

2015年9月にオープンしたばかりというのに、すでに食通の間で話題になっている人気店。魚河岸業の家に生まれ、大阪でフグ・鱧料理の店などを営んでいた大将が目利きする魚料理が自慢だ。夜は一品と地酒が楽しめる料理店だが、ランチが値段、内容共に充実。中でもおすすめは、造りと焼き魚両方が味わえる大将のおまかせ定食。この味の虜になり、次は夜も訪れたくなるはず。

京都市伏見区深草飯食町839-1 エステート2・1F
☎075-642-1811　営11:30～13:30、17:30～22:30
休日曜、第3月曜休　予算／鮪づけ丼定食700円

焼き魚にお造り、小鉢などが付いた大将おまかせ定食1200円。ちらしずし定食880円。これだけの魚が入って、この値段とは驚き。木のテーブルを配したおしゃれな店内は家族連れやカップル、友人同士など気軽に訪れることができる。ちなみに夜の予算は1人3500円ほど

> 2015年の9月頃に出来た魚の美味しい料理店。ランチがお得です。

MKタクシー
堂岡光男さん　ドライバー歴14年

京都タクシードライバーのクチコミグルメ　28

明治23年の創業より
長く愛される
鶏肉専門店の
あたたかな味わい

とり安
トリヤス

[烏丸押小路] p92_MAP6

昔から守り続けられている質と味が自慢。看板メニューのからあげ丼は、筋肉質で甘みと弾力のバランスがよい厳選した若鶏を使う。醤油ベースのタレにつけ込んで、片栗粉をつけてカリっと揚げた唐揚げに、ふんわりとした溶き卵がやさしく絡まる丼はボリューム満点。からあげ丼の他に親子丼や定食も人気。15席ほどの庶民的な食事処はランチタイムには満席になる。

京都市中京区烏丸通押小路角秋野々町534
☎075-241-0456
営 11:30〜14:00(LO／13:45)、17:00〜20:00(LO／19:30)
休 木・土・日曜、祝日休
予算／昼900円、夜2000円※中学生以下の子どもは入店不可

からあげ丼は赤だし付きで880円、お好みで粉山椒をかけていただこう。とり安定食にはからあげがたっぷり付いて880円、夜はおばんざいが追加されて1450円。親子丼は880円。いずれも創業時から変わらない味わい

親子丼が美味しい!

西都交通
足立智昭さん ドライバー歴11年
私のイチオシ

29 食堂・定食・丼

ボリュームたっぷり！だからおすすめ!!

おなかいっぱいー

ジャンボ

名前も料理もとにかくデカい！驚愕サイズの1kg級お好み焼き

店名の通りジャンボサイズのお好み焼きが評判を呼び、連日行列ができる地元の名店。重量約1kg、直径30㎝、卵4個を使うという大きなお好み焼きは、二人で食べても満腹になるボリュームで、お値段なんと750円。イカ・牛・ミンチの全てで、プラス200円でジャンボに変更できるので、もちろんみんながジャンボを注文し、日曜や休日には家族連れが仲良く分けて食べる風景が。

WoW!!

目の前の鉄板で豪快に広げられ、焼き上げられたミックスジャンボ750円。見た目は圧巻の大きさだが、つくね芋のふんわり感と、酸味が効いた甘辛特製ソースのおかげで食ばすすみ、気がつけばべろりと平らげているとか。素玉以外のジャンボは全て750円。ジャンボ焼きそばももちろんジャンボで750円

[妙心寺北門] p89_MAP3
京都市北区等持院南町35
☎075-462-2934 ⑤11:00〜14:00(LO)、16:30〜23:00(LO)
⑯月曜・火曜、第4日曜休 予算／昼・夜600円〜

ボリューム満点！
一人前で二人分です。

MKタクシー
清野 透さん ドライバー歴8年

私のイチオシ

京都タクシードライバーのクチコミグルメ　30

[千本出水] p91_MAP5
京都市上京区千本通出水下ル西側
☎075-821-0126
営 11:00～15:30、17:00～20:00
休 火曜休(祝日の場合は翌日)
予算／ざるそば580円

今は少なくなった本格的な京風のダシ。当たり外れなしのメニューが揃う、教えたくない店。

キャビック
新 直記さん ドライバー歴4年

私のイチオシ

そば処 大膳
ソバドコロダイゼン

昔ながらの雰囲気が漂うそば処で自家製麺とバラティ豊かな定食を

千本通沿いにあるそば処。店内は骨董や書画が設えられ、落ち着きと風格を感じさせる。テーブルのほかに座敷もありファミリーやグループにも利用しやすい。そばは奥にある製麺所で作られる自家製で、つゆに使う昆布もかつお節も産地を厳選した良質なものを使用。かけそば400円、ざるそば580円と財布にやさしいメニューに加えて、天ぷら、とろろいもなどが付く大膳定食1280円をはじめ、各種定食や丼物も豊富に揃う。

大膳定食はボリュームもありけっこう人気です。

都タクシー
坂下 修さん
ドライバー歴17年

私のイチオシ

カラッと揚がった季節の天ぷらがセットになった天ざる1180円は、ざるそばにウズラ卵が付く関西風。他にも玉子丼530円やきつね丼590円、サラダ付きのとんかつ定食950円など充実したメニューが嬉しい

ハイライト衣笠店
ハイライトキヌガサテン

delicious!

トマトとドミグラスをドッキングしたソースをかけたジャンボチキンカツ定食590円は、ごはんと味噌汁付き。この値段でジャンボであることに加え、なんとプラス70円でカツを一枚追加できる！学生時代をなつかしんで訪れる大人も多いが、調子にのって学生並のボリュームをオーダーして食べ残すことのないように

安くて美味くて超・大盛り！学生メシの殿堂と呼ばれる食堂

立命館大学のそばに開店して38年。お腹をすかせた学生を満足させる圧巻のボリュームとホスピタリティは、今も昔も変わらず健在だ。鮮魚フライ定食490円、卵丼(並)420円など定食は20種類以上。食べ盛りの学生や働き盛りのサラリーマンも大満足の安さとボリュームをキープし続ける裏で、マヨネーズは卵から手作りしたり、揚げたてアツアツしか出さないなどの細やかなこだわりも。

[平野神社] p89_MAP3
京都市北区平野上八丁柳町35-3
☎075-462-4247
営 11:00～15:30、17:30～23:30
休 日曜、祝日休 予算／昼・夜600円～

チキンカツが有名でボリュームがあるので学生さん達に人気があります。

都タクシー
中村 正さん
ドライバー歴1年

私のイチオシ

カフェ甘味

いのちある元気な食材を使った美味な料理で心まで豊かに

Vege Café & Dining TOSCA
ベジカフェアンドダイニングトスカ

[百万遍]　p88_MAP2

近郊で収穫された旬のオーガニック野菜と穀物を中心に、昔ながらの製法で作られた自然調味料などを用いて、料理やスイーツ、ドリンクを提供するベジタリアンレストラン&カフェ。「自然と人、両方が豊かになる料理を目指していますが、まずは美味しくあることが一番」という店主の橋本さん。素材がもつエネルギーや旨みを最大限に引き出し、さらに工夫を加えて美味な料理で豊かな時間へ導く。

京都市左京区北白川追分町67-7　☎075-721-7779
営 11:30～15:00(LO/14:30)、17:30～22:00(LO/21:00)※夜営業は木・金・土曜のみ
休 火・水曜の夜、月・日曜休(祝日の場合は営業)　予算/ランチ1000円～　http://tosca-kyoto.com/

 京都タクシードライバーのクチコミグルメ　32

カフェ・甘味

車麩のカツを挟んだベジカツバーガー1100円。副菜は木綿豆腐にプチオムレツとサラダ、一口スイーツは豆乳の寒天よせ。夜はアラカルトがメインだが、おひとり様に用意されるのが本日のディナーセット1980円。おかず3品と、ごはん・味噌汁・パン・スープの中から2つ、デザートが付く。写真のスープは安納イモのポタージュ、ごはんは玄米と五分づき米のハーフ&ハーフ

おすすめのベジタリアン
カフェ・レストランです。

都大路タクシー
中川勝之さん ドライバー歴10年

33 カフェ・甘味

京都ではまだまだ稀少な
本格ハラールのトルコ料理を

14時までいただけるAランチ900円。チキンケバブ、サラダと日替わりスープが付く。本日はレンズ豆スープ。オーナーのアルクルト・エユップさんとシェフのイエニドードゥ・ムスタファさんがもてなしてくれる。店内は緑色の壁が印象的で、トルコのクッションや手作りランプが暖かい雰囲気

rose café
ローズカフェ

[荒神口]　p90_MAP4

緑の壁がお洒落なこちらは100%ハラールフードを使ったトルコ料理がいただけるカフェレストラン。ハラールといえばイスラム教徒の敬虔な食事というイメージがあるが、とてもヘルシーで栄養価の高い料理なのでぜひ試して欲しい。同店ではトルコの代表料理ケバブから牛肉と野菜の鍋煮込みなど、野菜をたっぷり使った煮込み料理も豊富。ハラールの決まりでお酒はないが、〆はトルコ風ライスプリンで。

京都市上京区河原町通荒神口上ル宮垣町88-3
☎075-252-2923　⑪11:00〜20:40(LO)
㊡無休　予算／チキンケバブプレート1100円
http://www.kyotorosecafe.jp/

数少ない、ハラールレストランです。

MKタクシー
清野　透さん　ドライバー歴8年

吉田山荘 café 真古館
ヨシダサンソウカフェシンコカン

[吉田山] p88_MAP2

吉田山の中腹、御陵や神社に囲まれた元東伏見宮家の別邸を活かした料理旅館[吉田山荘]。その敷地内で、元は車庫として使われていた建物を改装したカフェ。タモ材の床や重厚な梁など自然の素材を活かした店内には、アンティーク家具が設えられ、独特の雰囲気が漂い、窓の外に広がる景色に身心とも癒される。香り高いコーヒー756円とシナモン風味のこうもりビスケット540円で優雅な時間を過ごしたいもの。

京都市左京区吉田下大路町59-1 料理旅館 吉田山荘内
☎075-771-6125　⑪11:00～18:00(LO/17:30)
㊡不定休 予算/コーヒー756円　http://www.yoshidasanso.com/shinkokan/

日を重ねた静かな空気が息づく自然素材を活かした寛ぎカフェ

吉田山荘は、昭和天皇の義理の弟君、東伏見宮家の別邸として昭和7(1932)年に建てられた館。寛ぎのおすすめはブレンドコーヒーとチョコレートケーキのセット1188円。他にもお福もち入りのおぜんざい1080円もあり。どっしりした柱や板張りの床など自然素材だけを配した店内は静かな時間が流れる

吉田山荘の別館。比叡・大文字山、京の街並を見られ、コーヒーはもちろん。お福もち入りぜんざい、こうもりビスケットは絶品。静かにコーヒータイム。隠れた穴場です。

都タクシー
松村俊夫さん ドライバー歴14年

私のイチオシ

caffè Verdi
カフェヴェルディ

[下鴨] p88_MAP2

愛情と情熱、こだわりに溢れた本格派の味わい深いコーヒーを

下鴨本通りにある本格自家焙煎珈琲店。明るい店内で、丁寧に淹れられた香り高い一杯が味わえる。コーヒーを美味しく導くポイントは、手作業で良質な豆だけを選び抜き、豆の持ち味を最大限に引き出す正しい焙煎、毎日その日に使うだけ焙煎し新鮮さを保つことだそう。ブレンド6種類、ストレート約20種類の中から香り、酸味、苦みなど自分好みの味が選べて、量り売り、挽き売りも可能。

京都市左京区下鴨芝本町49-24 アディー下鴨1F ☎075-706-8809
営 8:30～19:00、日曜・祝日8:00～18:00
休 月、第3火曜休(祝日の場合は営業) 予算／コーヒー500円～
http://www.verdi.jp/

メインのヴェルディブレンド500円は、香りと酸味のバランスが良く、コーヒー独特の苦味と味わい深さがしっかり感じられる。豆580円／100g。店では、コーヒーの味を一番引き立てる82℃の温度で供される。モーニングのバタートーストとコーヒーのAセット580円～やランチ1000円、スイーツ180円～などフードメニューも充実

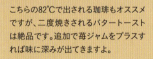

こちらの82℃で出される珈琲もオススメですが、二度焼きされるバタートーストは絶品です。追加で苺ジャムをプラスすれば味に深みが出てきますよ。

MKタクシー
北野 巧さん ドライバー歴13年

京都タクシードライバーのクチコミグルメ　36

ランチのサラダセット800円。ワンプレートに山盛りのサラダに、軽く炙ったバゲット、パン・ド・ミ、全粒粉パンなど、その日に焼き上がったおすすめパンが供される。食事パンはおかわり自由なので、心ゆくまで追加しよう。他にはキッシュやスープ、ホットドッグなどをメインにしたランチがある。コーヒーはプラス100円

パンの優しい香りに包まれて朝・昼・夜と居心地のいい時間を

他ではちょっとない、パンが美味しいカフェ。

洛東タクシー
白杉治邦さん ドライバー歴9年

私のイチオシ

Année
アネ

[姉小路室町]　p92_MAP6

美味しい自家製パンメニューが評判の[カフェ コチ]の2号店が、烏丸御池の西側にオープン。ショーケースには常時20〜25種のパンが並び、開店後13時まで注文できるトーストセットが4種類ある他、11時半からオーダーできるランチにも食事パンがおかわり自由と、自慢のパンを主軸にしたメニュー構成でゲストをもてなす。昼間からパンと一緒にワインを味わうという手も。

京都市中京区姉小路通室町西入ル突抜町139
プリモフィオーレ1F　☎075-222-0517
営10:00〜22:00　休木・日曜休　予算／昼・夜1000円〜

祇をん ひつじカフェ
ギヲンヒツジカフェ

[祇園町北側]　p92_MAP6

可愛らしいサイズのシュークリームは、シュー生地の上に和三盆を使用したクッキーをのせて焼き上げた、サクサクの食感が特徴。箱入りということもあり、手土産にもぴったりだ。シュークリームのみならず、手作りカレーやハンバーグ、本格コーヒーなどもいただけるカフェなので散策の途中に立ち寄るのもおすすめ。祇園のど真ん中にある隠れ家のようなカフェでゆったりとしたひとときを。

京都市東山区祇園町北側347　☎075-551-1567
営11:00〜翌2:00(LO／翌1:30)　休日曜、祝日休(季節により営業)
予算／1000円　http://www.gionhitsujicafe.com/

オーダーが入ってからクリームを詰めるのでサクサク感が格別。シュークリームはイートイン・テイクアウトの両方で利用することができる。写真は10ヶ入り1200円。祇園町なら深夜2時まで配達OK

祇園へ出掛けたらお土産にぜひサクサク和三盆シュークリーム

オリジナルのシュークリームは外側と内側の食感のバランスが絶妙です。

MKタクシー
若山慎一郎さん ドライバー歴5年

私のイチオシ

37　カフェ・甘味

茶菓円山
サカマルヤマ

[円山公園] p90_MAP4

趣ある空間で作りたての菓子をカウンターで楽しむお茶の時間

円山公園のしだれ桜のすぐそばに佇む甘味処。現在スタイリストとして活動する高堂のりこさんが「御料理屋さんで食事の最後に出してくれるような甘味を提供したい」という思いで開業した。天井の網代や漆のカウンターなど、粋を集めた凛とした空間は料理屋さながら。素材本来の味わいを活かした作り立ての和菓子と、八坂神社の御神水で淹れるお茶をいただくことができる。

京都市東山区八坂鳥居前東入ル円山町620-1-2 円山公園内
☎075-551-3707　⊖11:00～18:30(LO)　㊡火曜休　予算／1500円

写真は茶菓色々1728円。黒豆と黒豆あんをモチモチの生地で包んだ奉書巻き、大徳寺納豆の塩気が印象的な豆おこし、ふっくらと煮含めた3種の福豆の三品が味わえる、松籟園のほうじ茶648円、真葛羹756円

2014年の秋にオープンした甘味処です。私がこの店を知ったのは2015年の春ですが、それから今日までの間にどれだけこのお店にお客さまをご案内したかしれません。おすすめは、ゴマと和三盆と葛だけで作った真葛羹（まくずかん）という甘味です。初めて食べた時、本当に驚きました。正直、一年でいちばん食べたお菓子です。是非、お出かけになってください。

ヤサカタクシー
高部　繁さん ドライバー歴18年

京都タクシードライバーのクチコミグルメ　38

毎日通いたくなる街の人が愛するおまん屋さん

一年中いただける金つば130円。蒸かし饅頭の皮で、もっちりとした赤飯を包んで蒸した赤飯饅頭160円は、上に大きな栗をトッピング（夏以外に販売）。品揃えが豊富なのも人気の理由で、よもぎ団子やお花見だんごもおすすめ。毎年2月23日に醍醐寺で行われる「五大力さん」で、大鏡餅の持ち上げ大会が行われるが、その大鏡餅はこちらで作られている

三平餅
サンペイモチ

[北野天満宮] p89_MAP3

北野天満宮のすぐお隣り。上七軒の芸舞妓さんをはじめ街の人々に愛されている、"おまん屋さん"だ。赤飯饅頭や薄皮が自慢の金つばなど、季節の和菓子が豊富。値段も1つ100〜200円と手頃なのが日常使いに嬉しい。中でも"小豆がびっしり乗っている"とファンが多いのが、みな月130円。人気のため、5月末ぐらいから秋風が吹く9月末まで長期間販売される。味は抹茶と黒砂糖、白の3種類。

京都市上京区御前通今小路上ル馬喰町887
☎075-463-1593　営8:30〜18:00　休月曜休
予算／よもぎだんご130円

水無月が美味しい。

MKタクシー
石田康裕さん
ドライバー歴11年

京の伝統と職人の技から生まれた素朴で飽きがこない味に和む

一度口にしたら"あの味が忘れられない"とハマる熱烈なリピーターが多いニッキ餅100円。かの松下幸之助さんも好物だったとか。持ち帰りもできるのでお土産にしても喜ばれそう。昔ながらの雰囲気を残す店には常連客や噂を聞きつけた観光客が訪れる

京菓子處 名月堂
キョウガシドコロメイゲツドウ

[宮川町] p92_MAP6

昭和25年創業の京菓子店。京都五花街のひとつ、宮川町に店を構えるこちらの看板商品はニッキ餅。甘すぎず、飽きのこない素朴な味わいと、ニッキの香り、弾力あるモチモチ感が客を惹きつける理由にあるよう。どこか懐かしい味わいは、コーヒーや紅茶にも相性よく、庶民的な価格設定も嬉しい。店頭には丁寧に作られる季節の菓子や人気のワラビもち300円が並び、見ているとなんだかほっとする。

京都市東山区新宮川町通松原下ル西御門町447-1
☎075-551-0456　営10:00〜19:00
休月曜不定休・火曜休（祝日の場合は翌日）
予算／ニッキ餅100円

ニッキもちが最高です！

MKタクシー
大谷岳生さん
ドライバー歴13年

修学旅行生におすすめしてます!!

京都に来たらラーメン食べよし

桃花春 (トウカシュン)

たっぷり花びらのように盛られたチャーシューメンは華やかで上品な味

紅葉の名所、高雄に向かう途中にある人気ラーメン店。こちらの名物は、半端でない焼豚の量に驚かされるチャーシューメン。コク深いスープは、伝統的な製法で作られる伏見の「小山醸造」の特別ブレンド醤油が使われている。ニンニクの効いたあっさり旨みあるダシは、「おいしい」と最後の一滴まで飲み干す客が多いとか。たっぷり盛られたチャーシューで麺を包みながら口へ運べば贅沢気分が味わえる。

うまい!!

鉢に花びらのように敷き詰められたチャーシューで麺が見えない豪華なチャーシューメン(並)860円。国産豚で仕込まれたチャーシューはあっさり赤身肉で柔らかくジューシー。豚骨と鶏ガラベースのスープは上品でマイルド。北海道産の粉を使ったストレートの中細の麺はモチモチした食感でスープとの相性もよい

> あっさりコクのあるダシのラーメンで、修学旅行の方にピッタリ。お醤油味です。
>
> 都タクシー
> 糸川紀子さん ドライバー歴5年

私のイチオシ

[宇多野] p89_MAP3
京都市右京区鳴滝蓮池町12-6
☎075-465-3182 ⏰11:00～15:00、18:00～21:00(LO/20:30)
火・第3月曜休 予算／ラーメン(並)640円

京都タクシードライバーのクチコミグルメ　40

ラーメン

新福菜館 本店
シンプクサイカンホンテン

50年続く京都ラーメンの名店
醤油味の香ばしい風味が印象的

店前には常に行列ができる50年続く老舗ラーメン店。「京都駅に来ると寄りたくなる」と、地元京都人の心をしっかりつかむ中華そばは、自家製チャーシューが鉢一面に並び「並」とは思えないボリューム。見た目は濃厚そうなスープは、鶏ガラ豚骨ベースでコク深いのに口当たりはあっさり。自家製醤油ダレの香ばしい風味が印象に残りクセになる美味しさだ。同じ醤油を使ったヤキメシ500円のファンも多い。

スープは豚骨と鶏ガラを煮出したダシに醤油をプラスしたもの。濃厚ながら飲み干せる美味しさが人気の理由。中太ストレート麺との相性もよい。ピリ辛自家製みそを入れても美味。写真は中華そば（並）700円。持ち帰り用あり。他に生卵入りの特大新福そば900円や、肉多目（チャーシューメン）900円も好評

> 修学旅行で来られた学生さん等におすすめ。昔ながらの醤油味で色も濃いですが、ダシが美味しいです。
>
> 都タクシー
> **坂下 修**さん
> ドライバー歴17年
>
> 私のイチオシ

[京都駅前] p90_MAP4
京都市下京区東塩小路向畑町569
☎075-371-7648　⊕7:30～22:00
㊡水曜不定休　予算／中華そば（並）700円

居酒屋

新鮮素材を使った名人の炉端焼き
知る人ぞ知る映画の街の人情酒場

その日一番の新鮮な海の幸が楽しめる
お造り盛り合わせ1200円は、必ずオー
ダーして正解。酸味の利いた自家製ポ
ン酢で味わう「とりポン」550円には、たっ
ぷりのネギと紅葉、大葉を添えて。兵庫
の伊丹で20年、京都の太秦で30年。昔
ながらの炉端焼きスタイルを貫く老舗で
あり、京福電鉄帷子ノ辻駅を降りてすぐ

京都タクシードライバーのクチコミグルメ　42

> 味のある外観の、アットホームな炉端焼きやさんです。料理が大しゃもじに乗せられて出てくるのも名物です。
>
> MKタクシー
> **鬼木圭太**さん ドライバー歴9年

炉ばた焼 喜楽
ロバタヤキキラク

[帷子ノ辻] p91_MAP5

東映の撮影所にほど近く、俳優もしばしば訪れる隠れた名店。カウンターにはずらりと食材を陳列し、昔ながらの炉端焼きスタイルで大しゃもじに乗せて料理を提供してくれる。「毎朝、中央市場まで足を運ぶので、食材は新鮮そのものですよ」と名物女将の本山寿枝さん。炉端焼き以外にも、ホクホクのじゃが芋を丸めて揚げた「岩石」など独創的なメニューが多く、地酒が進む酒肴として楽しめる。

京都市右京区太秦帷子ケ辻町11-25 ☎075-881-9356
営 17:00～24:00 休 水曜休 予算／一人4000円

京のじどり屋 晃
キョウノジドリヤアキ

[御幸町錦] p92_MAP6

きめ細かい肉質、旨みとコクが宿る京都産の地どり料理を心ゆくまで

錦市場近くに店を構える[京のじどり屋 晃]。主に用いるのは、繊維のキメが細かく歯ごたえがよい京赤地どり。鮮度のよい朝引きを使っているので、モモやムネ以外にも珍しい部位も用意され、さまざまな食感や味わいが食べ比べられる。金～日曜日限定の丹波黒どり、大原地どりも楽しみ。京都を中心に厳選された6銘柄の地酒とともに味わいたい。締めはランチで大人気の親子丼（昼918円、夜702円）をぜひ注文したい。

京都市中京区御幸町通錦小路上ル船屋町398 ☎075-746-2366
営12:00～15:00、18:00～23:00　休水曜休（祝日の場合は翌日）予算／夜4000円

京赤地どり炭火焼き、もも210円、肩肉190円、厚皮160円。首の皮で分厚い身がついている厚皮は、蒸してから焼き上げているので、外はカリッと中はジューシー。もも肉のつくね320円は大根おろしと卵黄を絡めて味わいたい。希少な白肝を贅沢に使い生クリームを加えて仕上げた白肝パテ640円。自家製の薫製もあり。写真は肝と心臓の2種盛り、京赤地どり、鶏の薫製590円

私のイチオシ
2015年11月にオープンした新しい店です。行列のできる親子丼の老舗・名店はたくさんありますが、こちらも決して引けを取らないクオリティです。親子丼は、是非食べて頂きたいですね。

都タクシー
森 健さん　ドライバー歴15年

鳥せい本店
トリセイホンテン

[伏見] p93_MAP7

創業330余年という歴史ある蔵元「山本本家」が1976年に開業した鶏料理店。看板銘柄の「神聖」などの日本酒と、相性のいい鶏料理を楽しんでもらいたい、という開店時のコンセプトは今も変わらず、洗練されたメニューがファンを魅了しつづける。ランチには鶏の旨煮や唐揚げ、竜田揚げが付くとりめし定食750円、夜には豊富なアラカルトと日本酒のタッグでほろ酔い時間を楽しんで。

京都市伏見区上油掛町186 ☎075-622-5533 ◯11:30〜23:00、土・日曜、祝日11:00〜、ランチ〜16:00 ◯月曜休(12月及び祝日の場合は営業) 予算/昼850円〜、夜3000円〜 http://www.torisei.com/index.html

風情溢れる日本酒の蔵元直営店で日本酒と鶏料理を存分に堪能

宮崎日南鶏などを用いた鶏メニューは鶏串やき6本850円のほか、小鍋や揚げ物、〆のとりめし、とりスープまで撮り充実ぶり。アテに合わせて比べ飲みしたい日本酒は常時15種ほどを用意。蔵元らしく、フロア中心に設置したタンクから注がれる生原酒430円は、風味も情緒も格別とあって一番人気だ

> 焼き鳥。日本酒もあり。飲み過ぎに注意!
> **MKタクシー 藤丸 誠**さん ドライバー歴5年

> 鳥も美味しいし、お酒も美味しい!
> **洛東タクシー 吉村純二**さん ドライバー歴18年

> 生原酒がとても美味しく、料理との相性がよい。
> **キャピック 野村孝則**さん ドライバー歴0.5年

長岡京駅前で30年を迎える使い勝手の良い焼き鳥酒場

炭火やきとり かじ庵
スミビヤキトリカジアン

[長岡京駅前] p87_MAP1

仕事帰りのビジネスマンや近所の常連で賑わいをみせる、駅前のオアシスのような居酒屋。ランチタイムには600円でボリュームたっぷりの定食を食べられるとあり、幅広い層のゲストから人気を得ている。こちらの魅力は何と言っても、朝引の鶏肉をリーズナブルに味わえるということ。カウンター席に加え、テーブル席、堀炬燵の座敷があるので、おひとり様から宴会まで使い勝手も抜群。

長岡京市神足2-3-1 バンビオ一番館1F ☎075-951-8756 ◯11:30〜14:00(LO/13:30)、17:00〜翌1:00(LO/翌0:30) ◯不定休 予算/昼1000円、夜3000円

はさみ(ねぎま)120円、み(モモ肉)120円、ずり(砂肝)110円、きも90円など、1本あたりがリーズナブルに設定されている。焼き鳥は各種2本からの注文。一品メニューも豊富で、タイ風焼きそば780円や長いものシャキシャキバター焼き510円など、女性好みのラインナップもある

> 鶏そのものや、仕込みや炭や焼き方など、全てにおいて細やかな仕事をされています。安くて美味しいものがいただけます。
> **MKタクシー 若山慎一郎**さん ドライバー歴5年

中華

焼き・水・炊きを食べ比べ
地元人に愛される名物的餃子店

餃子専門店 福吉 京都本店
ギョウザセンモンテンフクヨシキョウトホンテン

[藤森] p93_MAP7

2015年秋、場所を移してリニューアルオープン。大幅に広くなった店内は、足しげく通うファンでいっぱいだ。おかあさんが作る本場中国の餃子はニンニクが入っておらず、肉汁の旨みや薄皮の食感などはもちろん、ニラ・ピーマン・セロリなど野菜餃子380円の優しい香りや甘みまで、素材の持ち味を繊細に楽しめる。豊富に揃ったビールと、とり天などの逸品料理で腰を据えての宴会もおすすめ。

京都市伏見区深草西浦町5-10　☎075-646-5666
営11:30〜15:00、15:00〜24:00(LO／23:30)　休無休
予算／昼1000円、夜2500円

京都タクシードライバーのクチコミグルメ　46

薄皮肉餃子290円。口に運ぶと薄い皮が口当たりよく、豚バラとネギを練り込み作った餡の旨みが押し寄せる。ミニ炊き餃子780円には肉餃子3つ、エビ餃子3つと、厚揚げ、野菜が入っている。圧力鍋で3時間炊いた熟成鶏白湯スープはまろやかでクリーミー。スープと溶け合った餃子の皮のとろとろ感が絶品だ。水餃子340円はつるつるとした皮の喉越しがたまらない。常連さんはほぼコレで食べているという、味噌だれでどうぞ

お店が大きくなって復活しました。薄皮餃子と水餃子がオススメ。

MKタクシー
堂岡光男さん ドライバー歴14年

47　中華

明治の趣を残している贅沢な空間で上質な中華を

名物の北京ダックは1/2羽で4104円。1/4羽2376円でのオーダーも可能。土鍋ふかひれ麺は2700円。ランチタイムは四川マーボー豆腐定食1080円など、本格中華料理店の味をリーズナブルに堪能できてお得

デートはもちろん、何十年ぶりに会う友人との会食などにいいと思う。レトロな建物で広い。少々高めだが、大きなギョーザは食べ応え有り。シメは土鍋ふかひれ麺がいいと思います。

キャビック
鈴木　周さん　ドライバー歴2年

大傳月軒
ダイデンゲッケン

[木屋町仏光寺] p92_MAP6

明治28年築、洋館と町家が合わさった佇まいに風格を感じる建物の中には、和と洋の趣が異なった個室が8部屋ある。大切なゲストのおもてなしにもぴったりな一軒で供されるのは、美味なる中華料理。こちらの一番人気は、手間ひまを惜しまず作られる北京ダックなのだとか。2～3日かけてパリッと仕上げる皮はしつこさがなく、スパイスが香ばしいうえに、脂身のバランスも絶妙。

京都市下京区木屋町通松原上ル美濃屋町173　☎075-353-9021
営 11:30～15:00(LO/14:00)、17:00～23:00(LO/22:00)　休 無休
予算／昼1500円、夜6000円

京都タクシードライバーのクチコミグルメ

毎日通える良心的なプライスで点心師直伝の本場テイストを堪能

焼豚まんじゅう(2個)360円。老麺で発酵させた甘みのある生地の中には、山形豚のモモ肉をオイスターソースで風味付けした焼豚がゴロゴロ。焼餃子(4個)450円。白菜や豚ミンチをもちもちと分厚い手作りの皮で包んである。にんにくを入れないのが本場流で、「できるものは何でも手作りにしています」と店主の青沼さん

飲茶・点心 美龍
ヤムチャテンシンメイロン

【円町】 p91_MAP5

名門ホテルや街場の人気店など、広東料理を中心に26年のキャリアを積んだ青沼さん。現在では、香港出身の点心師に教えを乞うた手作りの点心を常時15種類ほど提供している。中でもイチ押しの山形豚を使った「焼豚まんじゅう」は、老麺と呼ばれる皮の発酵ダネから自家培養で仕込むほど。本格的な味わいがリーズナブルに楽しめるとあり、高感度な女性客からも人気が高い。点心は持ち帰りもOK。

京都市中京区西ノ京北壺井町88-1 ☎075-841-4765
営11:00～14:30、17:00～21:30 休火曜休 予算/日替わりランチ850円

私のイチオシ
手作り点心、飲茶が美味しいです。

キャビック
木村健一さん ドライバー歴4年

火(紅)と小麦粉(白)が綾なす紅白で彩る本格中華の数々

外はカリカリ、中にはたっぷりの肉汁が詰まったニラ饅頭430円。「白案」が小麦粉を操って皮から作るもちもち水餃子500円はたっぷりの生ニンニクで食べるのがおすすめ。マトン独特の旨みとクミンの香りがマッチした、マトンのピリ辛炒め780円

中華料理 雄
チュウカリョウリユウ

【河原町御池】 p92_MAP6

中国の厳しい国家検定をクリアした火の達人「紅案(こうあん)」と小麦粉の達人「白案(はくあん)」によって生み出される本格中華は、北京・広東・四川とエリアを越えて、提供メニュー数はなんと100種類近く。本場のレシピをふまえた上で、日本人向けにスパイスや油を抑えるなどのアレンジも自由自在。昼は定食、夜はアラカルトとお酒で楽しむのもいいし、コースもオーダー可。

京都市中京区河原町通三条上ル下丸屋町407 ☎075-255-0776
営11:00～14:30、17:00～23:00(LO) 休無休 予算/昼800円～、夜1500円～

私のイチオシ
安くてうまくて量がある。その上早い!

洛東タクシー
白杉治邦さん ドライバー歴9年

ウマい！思わず声の出るギョーザは今や京都に欠かせない存在

> 外側はパリパリで、中はジューシー、にんにくの加減が抜群。

洛東タクシー
石橋眞一さん ドライバー歴14年

キャベツがたっぷりと入ったギョーザは専用の鉄板で蒸し焼きにし、旨みが口の中で溢れ出す。タレは2種類あり、味噌ダレと酢醤油。好みで食べ比べるのも楽しい。ギョーザは1人前6個で270円。その他、キューリの丸漬け200円や醤油ラーメン600円などのメニューもあり

ミスター・ギョーザ
ミスターギョーザ

[九条新千本] p91_MAP5

愛され続けて45年。1人前はペロリと食べられる魅惑のギョーザは、朝仕込んだ皮と餡のみを使用し、出来たての風味を提供してくれる。パリッとした食感のあとにモッチリとした弾力が心地よい皮の中に詰められた餡は、脂身の少ない部分を使用し、ニンニクの香りが食欲をすすめる。お店で出来たてを頬張るだけでなく、持ち帰って家庭で楽しむ人も多いそうで、これからもファンが増え続けること間違いなし。

京都市南区唐橋高田町42
☎075-691-1991
⊕ 11:30～20:30※ギョーザ売り切れ次第終了
㉁ 木曜休　予算／1200円
http://www.mr-gyo-za.com/

手作りの皮を一枚一枚焼いてから巻いて揚げる名物の春巻き864円。サクサクした食感に皮のパリパリ感が加わり美味そのもの。息子さんが考案した小海老のチリソース1026円は、まろやかな味わい、プリップリの海老が嬉しい

親子で営む上七軒の隠れた名店
上品でシンプルな渾身のひと皿を

廣東料理 糸仙
カントンリョウリイトセン

[今出川七本松] p89_MAP3

職人肌の店主と、温かくゲストを迎える奥さん、横浜などで約10年間腕を磨いた息子さんが、親子で営む中華店。上七軒の路地裏にあり隠れた名店として知られている。料理は刺激的な香辛料やニンニクを使わないあっさり上品な味。朝早くから仕込みを始め、豚肉を各料理用にさばき、麺も打つ。一から手作りし丁寧に仕上げる料理はどれも美味しい。「おすすめは全部のメニュー」という店主の言葉にうなづける。

> あっさりとした中華料理でおすすめ。

MKタクシー
石田康裕さん
ドライバー歴11年

京都市上京区今出川通七本松西入ル真盛町729-16
☎075-463-8172
⊕ 17:30～21:00(LO／20:30)
㉁ 火・第3水曜休　予算／やきめし540円

餃子の王将 宝ヶ池店
ギョウザノオウショウタカラガイケテン

[岩倉] p88_MAP2

餃子を看板商品に掲げ、京都発祥の誰もが知る有名中華店。その中で「オリジナルメニューが全国で一番多い店」の宝ヶ池店。グランドメニューのほか、個性豊かな麺類や定食、一品料理が多数用意されている。中でも同店でしか味わえない京風白味噌ラーメンのファンは多く、2015年末に新登場した京風白味噌担々麺680円も好評。他にも食材はすべて国産で作られた日本ラーメン734円は白醤油風味のあっさり味で、こちらもよくオーダーされる。

キャピック 新 直記さん ドライバー歴4年
食べるラー油が好き。よくお忍びで、芸能人が入手されている様子。ラー油でお酒が飲めるくらい万能、小さい店ですので確認の上、入店を。

MKタクシー 村上 毅さん ドライバー歴3年
京都の味覚の白味噌を使ったラーメンがすごく美味しいです。またメニュー数も京都の王将の中でも一番多いのでいろいろ楽しめます。

京都市左京区岩倉南桑原町51-2 ☎075-721-9183
営 11:00～翌2:00(LO/翌1:30)、日曜～22:00(LO/21:45) ※連休の場合変更あり
休 無休 予算／ラーメン518円～
https://www.ohsho.co.jp/

美味しい組み合わせは無限大!? 絶品の食べるラー油

唐辛子3種とガーリック2種をメインに、11種類ものスパイスを使用するラー油は1瓶750円。これがあれば、立派なごはんのお供になること間違いなし！

菜館 Wong
サイカンウォン

[帷子ノ辻] p91_MAP5

一度食べたらクセになる人続出という、まさに食べるラー油の王様的存在。白ごはんに、冷や奴に、サラダにアクセントとして、と使い方は自由自在。実は、店では食べ放題というのも嬉しいかぎり。香港出身のシェフが提供する、生まれ育った下町の味を再現した広東料理も好評で、日替わりランチは900円など、親しみやすいのも魅力。食べるラー油の購入は1人2本まで。

京都市右京区太秦堀ケ内町32-2 ☎075-872-5216
営 11:30～14:00(LO)、17:00～21:00(LO/20:45) 休 月、第3日曜休
予算／1000円

多彩なオリジナルメニューが揃う 誰もが知る超有名な中華人気店

店長が「京都らしく、かつ、ありふれていない味のラーメンを作りたい」と考え、生み出されたのが京風白味噌ラーメン648円。あっさり系で白味噌が甘さを演出する目新しい味のラーメン。京都の白味噌のお雑煮のように、やさしい味に惚れ込む客が多い

ラーメン

独自のセンスで進化を遂げたオンリーワンのラーメンが勢揃い

つけ麺屋だけど鶏の京ラーメン等のメニューもウマイ！

MKタクシー
渡辺優也さん
ドライバー歴7年

麺心 よし田
メンシンヨシダ

[伏見] p93_MAP7

個性派ラーメンが集まる伏見区でも、メニューのユニークさはピカイチ。フランス料理のスープのように甲殻類を使った「濃厚海老つけ麺」、粉砕した丹波鶏のチャーシューをトッピングした「特選鶏の京らーめん」など、ここでしか味わえない一杯に出合えるはず。麺にも強いこだわりを持ち、つけ麺には石臼挽きの全粒粉を練り込んだ自家製麺を使用。玉ねぎを投入したり、すだちを絞ったりして楽しんで。

京都市伏見区西大手町313-1　☎075-888-5157
営11:30〜23:00(LO/22:45)　休不定休　予算／濃厚海老つけ麺950円

但馬鶏のガラスープに魚介のタレであっさり仕上げた特選鶏の京らーめん700円。黒胡椒を途中で入れると、さらに味が引き締まる。厚切りのジューシーなチャーシューを5枚もトッピングした「豚バラつけ麺1050円。大盛りの場合も追加料金なし。ガラス張りの開放的な店内は、天候のいい日は窓を開け放すため、入りやすいと好評

京都タクシードライバーのクチコミグルメ

熟成豚骨の旨みはまさに必食 パーフェクトなバランスの1杯

熟成豚骨ラーメン680円は、強火で7〜8時間炊き出した豚骨を一晩熟成させるのがポイント。昼夜各15食の限定だから、食べたい人はオープン直後の来店がベター。あっさり好きなら、中華そば660円がおすすめで、4種の魚介のエキスが凝縮されている

ラーメン たぬき屋
ラーメンタヌキヤ

[棒鼻] p93_MAP7

2015年のオープン以来、確実にファンが増えている注目店。店主が納得するまでとことん研究を重ねたという熟成豚骨ラーメンは、なんと開店に間に合わず、完成はオープンから2ヶ月経ってからだという。まさに入魂の1杯は、旨みの濃いまろやかなスープで最後まで飲み干せるほど。ちょい足しすることで味が化けるという、たぬきソース(50円)もぜひ試して欲しい。

京都市伏見区深草弘ノ壺町11-9 第二池田ハイツ ☎非掲載
営11:30〜14:30、18:00〜22:00 休水曜、第1日曜休 予算／800円

頑固麺で修業した元中華料理人が作るラーメンは、味変のたぬきソースも楽しみ。ラーメンだけでなくまぜそばも絶品。

MKタクシー
堂岡光男さん ドライバー歴14年
私のイチオシ

まあご
マアゴ

[北野白梅町] p89_MAP3

円町から北野白梅町へとお引っ越しした、トマトラーメンでお馴染みの[まあご]。トマトラーメン「赤」ともう一つの看板メニューは魚介&ミルクがベースの「白」。イタリアンの経験がある店主ならではの発想が面白い。オリーブオイルや香味野菜、バターといった素材が駆使された一杯はこちらでしか味わえないオリジナリティで溢れている。ベシャメルコロッケや白ワインにつけた唐揚げなども要チェック。

京都市上京区紙屋川町1015-3 ☎075-464-3308
営11:30～15:30、18:00～23:00(LO) 休火曜休 予算／950円

> トマトベースの
> スープラーメンが絶妙。
>
> キャビック
> 木村健一さん　ドライバー歴4年
>
> 私のイチオシ

愛され続けて17年 移転後も、もちろん健在の一品

赤ラーメン750円は、ポモドーロソースをヒントに、玉ネギとセロリのブイヨンを使用。トッピングされているのは、フレッシュのトマトに豚バラスライス、しゃきしゃきのセロリ。鶏ガラ＋豚骨のスープは中華麺との相性も抜群

京都タクシードライバーのクチコミグルメ　54

酒処伏見の良質な名水を使ったやさしい味わいに心温まる

豚骨と鶏ガラベース、やさしい味わいのスープに中細ストレート麺が馴染むラーメン500円は、チャーシュー、モヤシ、ネギなどお馴染のシンプルな具材が盛られる。メンマはプラス50円で追加可能。親しみやすい価格設定にも感激する

大黒ラーメン本店
ダイコクラーメンホンテン

[伏見桃山] p93_MAP7

「お母さんが作る味噌汁のようなラーメンが目標」という店主の言葉どおり、創業から変わらない味は、心が温かくなるようなやさしい味わい。仕込みに使う水は地下120mから汲み上げる地下水で、酒処・伏見の名水で知られる御香宮の水源と同じだとか。伏見のラーメンの名店として、ずっと親しまれているのもこの良質な地下水の存在が大きい。コストパフォーマンスの高い焼きめし220円のファンも多し。

京都市伏見区京町大黒町118　☎075-612-3153
営 11:00～23:00　休 月曜休　予算/チャーシュー麺630円

> スープが美味しい。

MKタクシー
藤丸　誠さん
ドライバー歴5年

> 醤油ラーメンがあっさり味。やきめしが220円で安い!

MKタクシー
山本　均さん　ドライバー歴24年

中華そば 一番星
チュウカソバイチバンボシ

[岡崎] p90_MAP4

ラーメン屋台を始めたのが43年前、昭和50年に現在の場所に店舗を構えたという歴史を持つ名店。屋台での創業以来守り続けているのが、豚骨と鶏ガラに玉ネギを加えるスープのベース。古いガラは捨て、追い足しすることで深いコクが生み出されている。ラーメンとチャーシューメンのみを提供する店内には、昔懐かしいラーメン屋の雰囲気が流れ、どこか郷愁を感じさせる。

京都市左京区岡崎北御所町28-4 ☎075-751-9692
営 11:00～15:00、16:30～19:00 休 木曜休 予算／850円

京都ラーメンの神髄、醤油ベースの細麺タイプ、九条ネギ入りは伝統の味。

キャビック
吉川克彦さん ドライバー歴4年

私のイチオシ

メニューは2種類のみの潔さ
原点は屋台の貴重なラーメン

滋味豊かな豚骨醤油のスープは、玉ネギを加えているのでやさしい甘みを感じる。麺はスープとの相性のよいストレートの細麺、1日寝かせる厚切りチャーシューも存在感を放っている。ラーメン700円、チャーシュー麺1000円

吟醸らーめん 久保田
ギンジョウラーメンクボタ

[西洞院花屋町] p90_MAP4

わずかカウンター11席ながら、ラーメン研究に余念がない店主が生み出す一杯を味わおうと、熱心なファンが行列を作る。看板メニューの吟醸つけ麺味噌の他、限定30食の豚骨らーめん博多越(並)750円、時々顔を出す鶏白湯系、冬には担々系、夏には冷やし系など、その時々の出合いものも楽しみだ。ちりめん山椒ごはんなど一風変わったサイドメニューや、卓上の調味料も試す価値あり。

京都市下京区西洞院通新花屋町下ル西松屋町563
☎075-351-3805
営 11:00～15:00(LO/14:30)、18:00～23:00(LO/22:30)
※スープ売り切れ次第終了
休 不定休 予算／昼・夜1000円～

つけ麺が濃くて美味しいです。

西都交通
足立智昭さん ドライバー歴11年

私のイチオシ

珍しい味噌のつけ麺目指して
ラーメンファンが集う人気店

山椒の香りが際立つ吟醸つけ麺味噌(並)870円。鶏ガラスープと具材のミンチが出す深い旨みと、ブレンド味噌が醸し出すまろやかなコク、さまざまなスパイスが加わったつけ汁は濃厚で、極太のちぢれ麺がベストマッチ。味噌だけに、最後に残ったつけ汁にはごはんを投入して締めるのも一興だ

高架下の人気ラーメン店は何度となく食べたくなる魅力を持つ

大中
ダイチュウ

[伏見]　p93_MAP7

近鉄桃山御陵駅の高架下というロケーションも風情があり、行列の絶えない不動の人気を誇るラーメン店。豚骨醤油味のスープは濃厚ながらも、飲み干せるほどバランスよく仕上げられている。24時間かけて大量の豚骨を煮込み、旨みを抽出したスープがベースとなっている。麺のゆで加減、濃さ、野菜の量、チャーシューの脂身の量などはオーダーすることができるので、自分好みにカスタマイズしよう。

京都市伏見区観音寺町高架下217　☎075-603-2712
営11:00～翌2:00　休無休　予算／800円

豚骨醤油が美味しい！

キャピック
野村孝則さん　ドライバー歴0.5年

大中ラーメン（バラ）は630円、お財布に優しい価格が嬉しい。温泉卵やキムチのトッピングも無料。本格的な味とコスパで納得の行列店。平日なら15時～17時、土・日曜、祝日はオープン直後が狙い目

虜になった人は数知れずこだわりが詰まった一杯

ラーメン 親爺
ラーメンオヤジ

[妙心寺]　p91_MAP5

もともとは、タクシードライバーだったという大将が作るのは、黒いスープにインパクトのある一杯。味わいは飽きのこない正統派で、チャーシューやメンマも自家製とこだわりが見られる。作り方は極秘！というスープは、さっぱりとした醤油味でどこか懐かしさを感じさせる。トッピングのもやしとネギもスープに調和して、一体感を生んでいる。地元を中心に、「また食べたくなる」と多くの人から愛されている一軒だ。

京都市右京区花園木辻南町22　☎075-463-0406
営11:00～22:00　休水曜休　予算／1000円

ラーメン700円。チャーシュー麺900円、ダブルチャーシュー麺1100円。こだわりのチャーシューも美味なので、ぜひ味わって欲しい

また行きたくなる、あきのこないスープ。昼時は地元の人が多いです、車駐車無しなのでご注意。

キャピック
新　直記さん　ドライバー歴4年

食

ソースが主役のタンシチュー
伝統的な製法で3日間煮込んだ

「洋食はソースがメイン」とシェフ。フランスの伝統的なソース・エスパニョールの作り方通り、3日間火を絶やさず煮詰めたドミグラスソースは、深みのある色艶が美しい。煮込みすぎず、食感を残して食べ応えを重視したタンシチュー1670円。ソムリエにコーディネートしてもらった一杯で、至福のマリアージュを楽しんで

Grill にんじん
グリルニンジン

[北白川] p88_MAP2

1978年、京都駅近くにオープンした当時は、汗を流して働く作業員の客のために、お腹いっぱいになれるメニューをサービス。とん汁が定食に付いているこの店のスタイルは、そんな出自の名残とか。移転後も日替わりランチ950円、ステーキ定食1300円という親しみやすい姿勢は変わらない。現在は2代目の息子さんがソムリエの資格を取得し、洋食にあうワインを提案している。

京都市左京区一乗寺出口町51-2 ☎075-711-7210
営 11:30〜14:00(LO)、17:00〜20:30(LO)
休 火、第3月曜休(祝日の場合は営業)　予算／昼1800円〜、夜2500円〜

コスパが非常に良い。
何を食べても美味しいです。

MKタクシー
遊津嘉秀真さん　ドライバー歴6年

私のイチオシ

洋

アツアツ・モチモチが長続き 最後まで冷めないパスタ界の革命

> 石焼きの器に数種類のパスタ！食べ終わるまで熱々な新感覚のパスタ。京都景観賞の「京町家賞」を受賞されています。お店は築150年以上経っているとされる古民家です。

都タクシー
髙谷まさ子さん ドライバー歴8年

石焼 生パスタ 蔵之助
イシヤキナマパスタクラノスケ

[樫原] p87_MAP1

名物の"石焼生パスタ"は「最後の1本まで温かく食べてほしい」という店主の情熱から生まれた新スタイルのパスタ。絶品ソースが、石皿の遠赤外線効果により、時間の経過とともにさらに濃厚な味わいへと変化する。モチモチとした生麺は淡路島から毎日仕入れるEGGパスタ。築150年の古民家をリノベーションした空間は記念日ディナーにもばっちり。デザートまでフルコースで堪能して。

特製生ベーコンと茄子のマスカルポーネチーズトマトソース1593円。ジューシーな生ベーコンのダシとグリルした茄子の舌触りが絶妙。たっぷりのせたマスカルポーネチーズがクリーミーさをプラスして、トマトソースの酸味ととけあう。生ベーコンのもう一つの味・ふわとろカルボナーラ1593円と食べ比べしても楽しい

京都市西京区樫原宇治井町26 ☎075-925-8734
営 11:00〜15:00(LO/14:00)、18:00〜22:00(LO/21:00)
休 木曜休　予算/昼・夜1600円〜
http://www.ishiyakinamapastakuranosuke.com/

キッチンゴン 西陣本店
キッチンゴンニシジンホンテン

[大宮下立売] p90_MAP4

創業36年。車が通りにくい西陣の細い路地にありながらも、長年のファンが通い続ける庶民派洋食の名店。名物ピネライスは、パラパラに仕上げたチャーハンに大きなカツがのって、さらにその上からじっくり煮込んだカレーがかかった夢のようなガッツリメニュー。オフの日の食事なら、ワンランク上の美味を堪能できるガーリックピネライスがおすすめだ。配達やテイクアウトも可能。

京都市上京区下立売通大宮西入浮田町613 グランディールカサ・ボニータ1F
☎075-801-7563 営11:00～22:00(LO／21:40)
休水曜休 予算／昼・夜1000円～

見た目でノックアウトされる
くいしん坊を魅了しつづける洋食

さっくり揚がったカツとこってりしたカレーのテリが食欲をそそるビジュアル。期待を裏切らず、食べるとクセになる美味しさと満腹感。ピネライス豚870円、牛1070円。ケチャップライスハヤシがけや、ドライカレーも選べる。ランチタイムを過ぎても心強い、終日お得なセットメニューもオーダーできる

> チャーハンにトンカツorビフカツがのり、カレーのかかった名物ピネライスがクセになりやめられません。駐車場があるのがgood。お店に行くたびに替わる、壁に掛けてあるE・YAZAWAのタオルも密かな楽しみです。オーナーがヘビーファンのようです。

MKタクシー
四方大輔さん ドライバー歴13年

私のイチオシ

昼も夜も季節の食材を使ったコース3つを用意。店の名物メニューであるカラッと揚がった養老豚のカツは、どのコースにも共通して登場する。コースA1404円、コースB1728円、コースC3456円。清潔感を感じさせる白壁の外観。店内のインテリアもシックにコーディネートされている

まだ行けてないが間違いなく美味しい店。野菜からとったブイヨンスープなど、食材にこだわり有り。有名フレンチで修業されたシェフだそうです。

MKタクシー
四方大輔さん ドライバー歴13年

洋食西原
ヨウショクニシハラ

[嵯峨嵐山] p89_MAP3

有名フレンチ店でキャリアを積んだオーナーシェフがジャンルを問わず、自由な発想で料理を提供。毎朝、中央市場に出向き新鮮食材を仕入れ、黒毛和牛は大阪能勢の牧場より直送、米は京都の美山産コシヒカリを用意するなど質の高い食材を使用する。スープやソースはもちろん、ドレッシングに至るまでほぼ手作り。下ごしらえに時間と手間をかけて丁寧に仕上げる料理はどれも美味ばかり。

京都市右京区嵯峨天龍寺若宮町21-2 シャトー嵯峨1F
☎075-872-5020
㊂11:30～14:30(LO/14:00)
17:00～22:00(LO/21:00)
㊡月曜休(祝日の場合は翌日)
予算／コース1404円～
http://www.yousyoku-nishihara.com/

手間ひまを惜しまない姿勢が美味しいひと皿につながる

Kitchen ぽっと
キッチンポット

[上賀茂] p88_MAP2

創業から40年、ご夫婦が二人三脚で切り盛りしているレトロな洋食店には、様々な世代の客が賑わう。ビーフカツ、エビフライ、チキンピカタのスペシャルランチ1000円をはじめ、揚げ物中心の食べ応えあるセットメニューがバラエティ豊かに揃う。店主は注文が入ってからハンバーグを捏ねて成形、フライには衣をつけ揚げる。この丁寧な調理と料理への愛情が長年にわたり大勢の客を呼んでいる秘訣のよう。

京都市北区上賀茂梅ケ辻町16 ☎075-721-6907
㊂11:00～15:30、17:00～21:30 ㊡水曜休 予算／ランチC700円～
http://www.geocities.jp/kitchenpot/

お昼のランチがA・B・Cと選択でき999円あれば、充分に満足する洋食、フライにかけてあるソースも美味。

MKタクシー
浦野 篤さん
ドライバー歴12年

お皿からはみ出しそうな特大のジャンボカツ750円。このボリュームにライスと赤だしが付く豪華な定食でありながら、この価格は嬉しすぎる。数に限りあり。ビーフやチキン、魚などメインのフライが異なるランチA800円・B750円・C700円も好評。上賀茂の閑静な住宅街の一角にあるアットホームな店内には、幅広い年代のファンが訪れる

サービス精神溢れるセットメニューは常連客の心をしっかりつかむ

優しいビーフシチューをはじめ丁寧な仕事が活きる洋食店

必食のビーフシチューセット1550円。じっくりと引き出した牛肉の旨みと豊潤な赤ワインや酸味あるトマトソース、スパイスなどの風味が一皿に解け合う。野菜から出る水分で煮込んでいるので、舌に濃厚な風味を残しながらも、無駄な油脂によるしつこさが省かれた、すっきりとした余韻が特徴の看板メニュー

海老クリームコロッケがオススメ！ランチもあります。

MKタクシー
田中敏治さん　ドライバー歴6年

私のイチオシ

グリル じゅんさい
グリルジュンサイ

[宝ヶ池] p88_MAP2

岩倉の地で36年の歴史を刻む老舗洋食店。看板メニューのビーフシチューは、ルゥなど、いわゆる「つなぎ」は一切使わず、野菜からにじみ出るとろみだけで仕上げているので、胃にもたれず優しい味わいが特徴だ。ハンバーグと海老クリームコロッケなどのフライメニューを盛り込んだサラダ付きのお得なランチセット1100円もあり、一品ごとに、店主の丁寧な仕事ぶりを感じられる。

京都市左京区岩倉南大鷺町22
☎075-721-1035　⏰11:00〜15:00(LO/14:30)
㊡水曜休(祝日の場合は営業)　予算／昼1100円〜

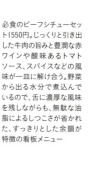

63　洋食

京都観光にもぴったりですよ。

ご案内したら喜ばれるお店です!!

徳寿 (ノリヒサ)

目と舌で楽しむ本格日本料理がカジュアルに味わえる

唐長の京唐紙が印象的なこちらはカフェのような明るい雰囲気の店内で、肩ひじ張らず本格的な日本料理が食べられるお嬉しい店。ランチの松華堂弁当は、お造り、炊き合わせなどが盛り込まれた塗りのお重、炊き込みご飯や稲庭うどんなど一品、揚げダシや稲庭うどんなど一品、見た目にも美しく豪華な内容。日本酒やフランスワインの種類も豊富だそうで、美味しい料理に昼から少しお酒をいただきたくなる。

目も楽しませてくれる松華堂弁当1620円。先付、お重、蕪蒸し、日替わりの炊き込みご飯はお代わり自由。本日は大根と金時ニンジン、揚げの炊き込みご飯。それに赤だしが付く。サーブされるお茶が保堂の煎り番茶というのも嬉しい。夜のコース6000〜8000円より、たけのこ豆腐 わかめ餡かけ

[荒神口] p90_MAP4
京都市上京区河原町通荒神口下ル上生州町24 ☎075-213-1613
⏰11:30〜14:30、17:30〜22:30 休水曜日
予算／お昼のおまかせ3400円 http://www.norihisa.jp/

> 手ごろな価格で味わえる京料理。観光等で来られた方々に好評です。

MKタクシー
橋本広己さん ドライバー歴4年
私のイチオシ

回転鮨割烹 魚倖 (カイテンスシカッポウウオコウ)

抜群に新鮮なネタと手軽な価格ハイレベル鮨割烹を行きつけに

ゼスト御池内、店前に掲げる赤い和傘が目印。回転鮨の楽しさとリーズナブルさはそのままに、ネタの新鮮さと旨さはお墨付きというとこ取りのハイレベル回転鮨割烹。長いカウンターの上にある回転レーンから衝動的に取るのも楽しいし、すし職人に好物を伝えて直接握ってもらうのもいい。奥には掘り炬燵式のテーブルや個室風の席もあるので、家族や友人、会社帰りに同僚といくのにもぴったり。

中央市場で仕入れた新鮮な魚の数々。天然鯛、うに、いくら、毎日産地から直送される関アジ、どぐろ炙り、活ダコのたたき…高級魚を含むその日一番のネタが12〜13貫並ぶおまかせにぎり3240円はオールタイムオーダーOK。お昼にはお得なランチセット900円〜がいただける

「女子会・和食を」と言われるお客様。特に寿司が大好きなお客様を一度お連れすると、「この前の寿司が食べたい」と、よく言われます。美味しいです。

都タクシー
西山栄味子さん
ドライバー歴19年
私のイチオシ

[ゼスト御池] p92_MAP6
京都市中京区御池通寺町東入ル下本能寺前町492-1 ゼスト御池内
☎075-223-1777 ⏰11:00〜22:00(LO/21:30)
休無休 予算／にぎり一皿108円〜

京都タクシードライバーのクチコミグルメ 64

ギオンタクマシラカワテン
ぎおん 琢磨 白川店

四季を写した京料理に舌鼓
祇園の路地奥に佇む元お茶屋で

情緒ある祇園白川の流れを眺めながらゆったりカウンターで季節のご馳走が味わえる和食処。料理は、毎朝市場で仕入れる旬の新鮮素材を用いたコースのみで、昼3240円〜、夜5940円〜。このリーズナブルな価格設定は嬉しい限り。さらに元お茶屋の風情を活かしながらモダンな要素を加え、洗練された店内の雰囲気も素敵。一皿ごとに繊細で美しい盛り付けは、料理長の食へのこだわりを感じさせる。

雰囲気の良い祇園白川沿いで、京料理をリーズナブルな価格で味わえる。観光客のランチにも。

写真は昼コース5000円以上の食材を使った一例。メニューは月替わりで楽しめる。おまかせコースは昼

都タクシー
森田 勇さん ドライバー歴8年

私のイチオシ

[祇園]　p92_MAP6

京都市東山区縄手通四条上ル二筋目東入ル末吉町78-3
☎075-525-8187　11:30〜14:30、17:30〜23:00
無休　予算／昼コース3240円〜
http://www13.plala.or.jp/gion_takuma/

キョウリョウリユタカ
京料理 柚多香

主人の想いと手仕事が活きた老舗仕込みの繊細な懐石料理

金閣寺などの名刹からほど近い、こぢんまりとした一軒家は主人の自宅。「京料理は値段も敷居も高い」との想いから、手間と時間をかけた老舗仕込みの懐石料理を、破格の安さで提供してくれる。夜の季節懐石4200円（要予約）や、二段重ねの弁当箱に蒸しものが付いた昼の季節弁当は2500円。席数が少ないので、前もって予約をして訪れたい。

季節の弁当は特に女性客に喜ばれる。円形状の団重ね弁当箱で引き出し形式になっている。

写真はイメージ。たとえば胡麻豆腐を流し入れた柚子釜蒸しに銀杏や百合根、車海老をあしらったもの。アマゴ、栗、銀杏、もみじ麩をからりと揚げた吹き寄せ。もち米だけのおこわ・白蒸しを田楽にして、もみ味噌を添えて香ばしくあげたおしのぎなど、価格からは想像もつかないほど手の込んだ懐石料理が味わえる

都タクシー
隠岐信二さん ドライバー歴12年

私のイチオシ

[金閣寺]　p89_MAP3

京都市北区平野桜木町13-3　☎075-465-7370
11:00〜14:00(LO)、17:30〜21:30(LO／20:00)
木曜休　予算／昼2500円〜、夜5000円〜

ソウサクキョウリョウリカジ
創作京料理 かじ

料理人が手間を惜しまずつくる京料理をカジュアル価格で供する

京都の老舗料亭で研鑽を積み、和食料理人としてのキャリアをもつ梶憲司さんが2001年にオープンした京料理店。「ひと手間ふた手間はもちろん、それ以上に時間をかけ、完成度の高いものを供したい」と語る梶さん。そのために食材は中央市場に出向き、自らの目で素材を見極める。ひと皿ごとに流れを感じてもらうため、どのコースも全10品で構成、利用しやすい価格3900円〜も嬉しい限り。

昼も夜もコースの値段がリーズナブルです。

MKタクシー
田中敏治さん ドライバー歴6年

私のイチオシ

送迎したお客様より非常に喜ばれています。

都大路タクシー
濱田 彰さん ドライバー歴14年

御所、二条城からも徒歩で訪れる好立地に店を構える。料理人の手さばきを目の前で見ることができるカウンター、庭が眺められる個室や座敷があり、それぞれのシーンによって使い分けられる

[丸太町小川]　p90_MAP4

京都市中京区丸太町通小川東入ル横鍛冶町112-19
☎075-231-3801　12:00〜14:00(最終入店)、17:30〜21:00(最終入店)
水曜休(祝日の場合は営業)　予算／コース3900円〜
http://www.kyoto-kaji.jp/

65　コラム・ご案内したら喜ばれる

和食

静岡県産の幻の鰻を江戸前でふっくらした口当たりが感動的

共水うなぎを1匹丸ごと使った鰻重「涼」5000円。柔らかでジューシーな食感は江戸前の蒲焼ならでは。吸物、香の物付き。お昼の御膳弁当「御所の庭」4500円(要予約)。鰻の燻製や鰻味噌の豆腐田楽など、季節ごとに独創的な鰻の前菜が楽しめる。掘り炬燵式のカウンターと個室を擁する和風モダンな空間

 京都タクシードライバーのクチコミグルメ 66

鰻割烹 まえはら
ウナギカッポウマエハラ

[両替町二条]　p90_MAP4

全国でわずか30軒程度の店でしか扱えない「共水うなぎ」が堪能できる食通好みの名店。共水うなぎとは、静岡県の大井川で養殖された希少価値の高い鰻のこと。清冽な南アルプスの伏流水で育つため、天然に近い味わいが楽しめる。こちらでは江戸前の蒸し焼きで、ふっくらと柔らかな舌触りに仕上げるそう。カジュアルな鰻丼のほか、夜は鰻を味わい尽くす「鰻会席」1万3000円～も用意している。

京都市中京区両替町通二条上ル北小路町108-1　☎075-254-7503
営 11:30～14:00(LO/13:30)、18:00～21:30(LO/21:00)　休 水曜日
予算／昼5000円、夜1万3000円※夜はサービス料10%　http://k-maehara.jp/

私のイチオシ
ウマイ!!
MKタクシー
遊津嘉秀真さん　ドライバー歴6年

よしくら寺町店
ヨシクラテラマチテン

[寺町今出川] p88_MAP2

上品なダシのおばんざいが食べ放題のランチが人気

名だたるホテルで腕を振るってきた主人が作る、地野菜や魚を使った日本料理が評判。特に造りの良さには定評がありファンも多い。お昼は、お造り定食や丹波牛ステーキ膳、限定20食の日替わり定食などがあり、いずれにもカウンターに並んだ赤コンニャクや小芋の炊いたん、おひたしなどダシの風味が上品なおばんざいが食べ放題。場所柄、京都御苑での花見や散歩帰りなどに訪れるのもおすすめ。

京都市上京区寺町通今出川下ル真如堂前町102 ☎075-256-3700
⏰11:00～14:00(LO)、17:00～21:00(LO) 休火曜日
予算／お造り定食2500円(ランチ)
http://www.kyoto-yoshikura.com/teramachi.htm

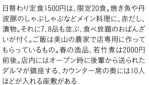

日替わり定食1500円は、限定20食。焼き魚や丹波豚のしゃぶしゃぶなどメイン料理に、赤だし、漬物。それに7、8品も並ぶ、食べ放題のおばんざいが付く。ご飯は美山の農家で店専用に作ってもらっているもの。春の逸品、若竹煮は2000円前後。店内にはオープン時に後輩から送られたダルマが鎮座する。カウンター席の奥には10人ほどが入れる座敷がある

> おばんざいの昼食が1800円位でいただける。

都大路タクシー
中川勝之さん
ドライバー歴10年

私のイチオシ

京都タクシードライバーのクチコミグルメ　68

雲子のとろけるような食感にサックリとした衣のコントラストが楽しい、雲子のフライとこがしバター醤油1200円。他に、トリュフをあしらった鴨と九条ネギのそばなど、和に洋のエッセンスをプラスする絶妙なバランス感覚が秀逸な一品が揃う

上質でセンスあるひと皿に出合える大人のための小さな美食空間

燕 en
エン

【京都駅八条口】 p90_MAP4

カウンター10席がメインのシンプルな店は、入り口にさりげなく配されたツバメの看板が目印。店のしつらえや提供される料理にそこはかとなくモダンな雰囲気を感じるのは、店主のキャリアゆえ。実は［和久傳］とN.Y.の精進料理店で腕を磨いたというから、納得だ。限られた席数ゆえ予約は必須だが、訪れたらきっとこちらでしか体験できない素晴らしい味わいが待っているはず。

京都市南区東九条西山王町15-2 ☎075-691-8155
17:30～23:00（最終入店） 日曜休 予算/7000円

少し高級かも知れないが、何度も行きたくなるほど素敵なお店です。

MKタクシー
遊津嘉秀真さん ドライバー歴6年

私のイチオシ

江戸焼き鰻と京おばん菜割烹の店 食通の歌舞伎役者たちを魅了する

しめじとコーンが入ったほくほくクリーミーなカボチャコロッケ2個800円。白焼き鰻一切れをおこわの上にのせてあんをかけた、うなぎの山菜おこわ蒸し800円

かぼちゃのたね
カボチャノタネ

【祇園】 p92_MAP6

お江戸の鰻料理専門店で修業を積み、店主の故郷京都で20数年前に開業。ユニークな屋号は鰻以外にも楽しめる店にしたいと思ってのこと。メニューは江戸前鰻のほかに京おばんざい、カボチャコロッケなど親しみやすい一品から懐石まで揃いバラエティ豊か。店内には役者の写真や「まねき」がずらり。舌が肥えた歌舞伎役者らがひいきに通うのは料理の味はもちろん、店主の魅力溢れる人柄にもありそう。

京都市東山区祇園町北側267 祇園了郭ビル1F奥
☎075-525-2963　12:00～13:30頃、18:00～22:00頃
火曜休（祝・祝前日の場合は営業）
予算／うなぎ蒲焼定食(昼)1500円　http://www.kabotane.jp/

私のイチオシ
うなぎ料理の店。場所も良いし、店の雰囲気も味も抜群。歌舞伎や狂言の役者さんに会えるかも！？

都タクシー
西山栄味子さん　ドライバー歴19年

築100年の町家空間でいただく 四季の移ろいを堪能できる料理

京町おくど 十二屋
キョウマチオクドジュウニヤ

【伏見】 p93_MAP7

歴史ある町家の佇まいを活かしたこちらでは、中庭を眺めながらゆっくりと食事ができる。見た目にも美しい料理は、季節の食材を吟味した会席料理が中心。手間ひまを掛け、ゲストに心から満足してもらえるようにとの心遣いが表れている。伏見桃山駅から歩いてすぐというアクセスの良さも嬉しく、個室や24名まで対応のテーブル席があるので、親族のお祝いや会食にも活躍する。

京都市伏見区京町3丁目182　☎075-612-7666　11:30～15:00(LO14:30)、17:30～22:00(LO21:30)　無休　予算／昼2000円、夜4000円

私のイチオシ
隠れ家的で、落ち着いている。和食が美味しいお店。

洛東タクシー
吉村純二さん　ドライバー歴18年

ランチタイムなら十二屋小町2160円がおすすめ。焼き魚や炊き合わせ、サラダなど9種類のおばんざいが桝に詰められ、こだわりの豆冨にお造り、天ぷらなどが付く贅沢な内容。ディナータイムには料理長の腕が光る旬を折り込んだ会席を美酒とともに堪能したい。料理は季節により異なるので、訪れる度に新鮮な感動が待っているはず

清凉寺 ゆどうふ 竹仙
セイリョウジユドウフチクセン

[嵯峨清凉寺内] p89_MAP3

清凉寺の境内にある[竹仙]では湯豆腐をはじめ、伝統の京料理が楽しめる。湯豆腐に使われる嵯峨豆腐は名店[森嘉]のもので、滑らかなのど越しと豆腐本来の味わいが魅力。純和風の静かな佇まいで、旬の食材を駆使した料理を味わえるのはまさに至福の時間。店頭では濃厚な味わいで好評の自家製胡麻豆腐なども販売されお土産に最適。

京都市右京区嵯峨釈迦堂藤ノ木町46 釈迦堂清凉寺内
☎075-882-3074
営 10:00～17:00、17:00～19:00 ※夜は10名～予約のみ営業
休 木曜休 ※4・10・11月は不定休　予算／コース3780円
http://www.kyoto-chikusen.com/

嵯峨嵐山の古刹の境内で味わう滑らかなのど越しが魅力の湯豆腐

湯豆腐と季節の食材が楽しめる、ゆどうふのおまかりコース3780円（写真）と京生ゆばお造りが付く4320円はいずれも予約不要でいただける。懐石料理4860円～は前日までに2名より予約が必要

> 小ぢんまりした和風の雰囲気の中で、寛いで湯豆腐などいただくと気持ちが本当にほっとする。

都タクシー
田上雅史さん　ドライバー歴7年
私のイチオシ

食通が秘かに通う隠れた名店で料亭級の魚料理をリーズナブルに

カウンターには、仕入れ先[河内水産]からのイキのよい新鮮魚介類がズラリ。旬の魚が盛られたお造り7種盛り合わせ1944円。高級魚のきんき塩焼き2484円は全身に脂がのり身はやわらか

魚河岸 宮武
ウオガシミヤタケ

[丹波口] p91_MAP5

京都最古の花街・島原エリア、京都中央市場に隣接する美食家の隠れ家的存在の名店。オープンキッチンのスタイルからは活気が伝わり料理人との一体感も感じられる。水産加工会社直営という利点を活かし、料亭クラスに近い旬の魚料理を提供。しかも、リーズナブル価格は嬉しい限り。豊富に揃った日本酒と魚三昧な美味しい時間が過ごせる。最後は肉厚な名物・鯖寿司を注文してみて。

京都市下京区西新屋敷下之町6-5 アンクル島原1F
☎075-203-1855
営 10:30～14:00、17:00～23:00(LO／22:00)
休 日曜・祝日休　予算／昼900円、夜5000円
http://uogashi-miyatake.jp/

> 魚料理が美味しい！ランチタイムは行列ができる店。根性入れて並んで下さい。

都タクシー
糸川紀子さん
ドライバー歴5年
私のイチオシ

> 島原もてなし館のそば。中央市場にも近く、魚等が新鮮。お昼は日替わり定食が864円！

MKタクシー
鈴木清博さん
ドライバー歴8年
私のイチオシ

お昼のみの贅沢なコースで秘伝の西京漬けを味わう

京都一の傳 本店
キョウトイチノデンホンテン

[柳馬場蛸薬師] p92_MAP6

MKタクシー 山本 均さん ドライバー歴24年
「京都ならではの西京白味噌を使った西京焼きが美味しい。お店は町家の造りで落ち着きます。」

職人が伝統の製法を守り、丁寧に時間を掛けてつくる西京漬け「蔵みそ漬」がロングセラー。ランチタイムにはこの蔵みそ漬をメインに据えた月替わりのコースを味わうことができる。毎朝錦市場で仕入れるという食材を使用し、ゲストを心からもてなすことを考えたメニュー構成はさすが。アンティークの調度品やステンドグラスが調和する京町家という贅沢な空間で特別なひとときを過ごすことができる。

華やかに盛られた目にも舌にも楽しい前菜に、椀物、焼きたての蔵みそ漬、土釜で炊くごはん、水物などが付く月替わりのコースは3350円(写真はコースの一例)。土日は満席になることもあるので、予約がベター。二昼夜じっくりと漬け込む西京漬けは、IFにて購入することも可能

京都市中京区柳馬場通錦上ル十文字町435
☎075-254-4070 営食事11:00〜14:30(LO)、菓子席14:30〜17:30(LO)、買い物10:00〜18:00
休水曜休(祝日の場合は翌日)
予算/コース3350円、菓子席950円〜
http://www.ichinoden.jp/

対馬の質のよい鯖を独自製法で〆京都の伝統の味を引き継ぐ

いづ重
イヅジュウ

[祇園] p92_MAP6

MKタクシー 池原正澄さん ドライバー歴20年
「鯖寿司で有名な店ですが、粟麩巻き、台所寿司が隠れた名品です。」

鯖寿司の老舗店[いづう]からのれん分けされ明治末に創業、100年以上の歴史をもつ名店[いづ重]。八坂神社西楼門の正面、明治時代に建てられた店は、地元客と観光客でいつも賑やか。店を代表する鯖寿司は吟味された生鯖のみを仕入れ〆められる。身の厚みと歯応えのバランスが見事で、一度口にするとまた恋しくなる逸品。他にも粟麩巻き540円や海草巻き756円など、知る人ぞ知る美味な名品も揃う。

日本海対馬沖で獲れた良質な鯖のみを独自製法で締めた京都の伝統の味、鯖寿司1人前2268円。しゃりの酢と甘さが絶妙でやさしい味、鯖の風味と脂の旨みも美味しく、何度食べても飽きがこないのも魅力。テイクアウトできるのも嬉しい

京都市東山区祇園石段下 ☎075-561-0019
営10:30〜19:00 休水曜休(祝日の場合は翌日)
予算/鯖寿司2268円
http://izujugion.wix.com/izuju

月の蔵人
ツキノクラビト

[伏見] p93_MAP7

オリジナルの豆富でもてなす伏見の和ダイニングバー

築100年を数える、月桂冠の旧酒蔵を活かした和ダイニングバー。天井の高い空間は、昼～夜を通して食事や買い物を楽しむ観光客や地元客で賑わう。何を頼むか迷ったら、まずは日替わり御膳2062円を。セットに付く名物の豆富は、滋賀県産の国内大豆「フクユタカ」と減塩にがりのみで仕込まれた大豆本来の味が感じられる濃厚な味わい。昼・夜問わず、コース&アラカルトが豊富に揃う。

京都市伏見区上油掛町185-1
☎075-623-4630
営11:00～23:00、ランチ～16:00、ディナー16:00～
休無休 予算／昼2000円～／夜3500円～

オリジナルの蔵人名物プレミアム酒粕アイスは313円（テイクアウトは290円）。吟醸酒の酒粕を使い、濃厚なお酒の風味とまったりしたアイスが絶妙のバランスで融合した伏見の新名物だ。お酒に強い方はきき酒セット745円にチャレンジを。月桂冠のお酒の銘柄を見事あてることができれば、きき酒代が無料になる

昼食の種類が豊富。値段も手頃です。

MKタクシー
山本 均さん ドライバー歴24年
私のイチオシ

竈炊き立てごはん 土井
カマドタキタテゴハンドイ

[大原] p87_MAP1

大原の自然の中で伝統の味を心ゆくまで

京漬物の老舗［土井志ば漬本舗］による、竈で炊いたごはんにこだわるレストラン。ふっくらとつややかなごはんにベストマッチなのはやはり志ば漬や旬のお漬物。こちらではメインを天ぷら、地鶏卵とじ、鮭もしくはさわらの西京漬から選べる御膳をオーダーすれば、ごはんやおばんざい、お漬物、デザートをビュッフェ形式で堪能できる。お漬物をおばんざいにアレンジしたメニューも登場。

京都市左京区八瀬花尻町41
☎075-744-2311 営10:00～17:00(LO／16:00)
休水曜休 予算／1500円
http://www.doishibazuke.co.jp/

お漬物天ぷら膳1550円。小鯛の大葉包み、椎茸ごぼう詰めなど、季節によって替わる天ぷらがメイン。ほかほかのごはんのお供は自宅でも真似したくなるようなおばんざいやおかず漬物がたくさん。窓からは大原の美しい景色が見え、時期によっては紫色に色づくしそ畑が広がる

大原のお漬物屋さんのレストラン。御膳に竈炊きごはん、おかわり自由なお漬物とおばんざいがいただける。

西都交通
井﨑英行さん ドライバー歴6年
私のイチオシ

とうふ料理 上七軒 くろすけ
トウフリョウリカミシチケンクロスケ

[上七軒] p89_MAP3

明治に建てられた元お茶屋の空間で美しい料理の数々に舌鼓

京都最古の花街である上七軒にて四代続いたお茶屋［吉田家］だった由緒ある建物を保存、復元。明治時代の息吹を感じるような雰囲気に身を置ける贅沢は、京都を訪れるゲストにも好評。料理は昼夜ともコース料理で、富山県産の大豆を使用して毎日丁寧に手作りする豆腐が主役の創作和食をいただける。旬を感じられる見た目にも美しく仕立てられたコースに、お腹も心も満足できるはず。

京都市上京区今出川通七本松西入ル真盛町699
☎075-466-4889
営11:00～15:00(LO／14:30)
  17:00～21:30(LO／21:00)
休火曜休(火曜が25日・祝日の場合は翌日休)
予算／昼3240円～、夜6000円～
http://www.kurochiku-s.jp/kurosuke.html

ごま豆腐が絶品！

西都交通
大平信子さん ドライバー歴15年
私のイチオシ

大豆の旨み、甘みを存分に堪能できる豆腐が自慢の一品。相談をすれば舞妓や芸妓を呼ぶことができるそうなので、大切なゲストをおもてなしする時のとっておきの一軒として利用してみたい

季節の地元野菜をたっぷり用いた華麗で軽やかな現代のフレンチを

ランチ・ディナーどちらのコースにも登場する62種類の野菜サラダ。平目の軽い薫製の上に黒大根、黄色にんじん、赤かぶ、ビタミン大根など野菜が華やかに盛り込まれた気品溢れる一皿。仕上げに炭状になるまでローストした玉ねぎの粉、オリエンタルスパイスを添える。御影通りに面したミントカラーの外観は、フランスの街角にあるような佇まいのレストラン

ラ・パール・デュー
ラパールデュー

【元田中】 p88_MAP2

30年間続いた名店[ベルクール]の後を受け、現代のフレンチを伝える[ラ・パール・デュー]。シックな設いにエレガントな雰囲気を漂わす店内で、日々移り変わる今のパリを映す"リアルフレンチ"が供される。メニューはランチ4320円、ディナー6480円の各1コースのみ。可憐な前菜は季節の魚介類に大原をはじめ、地元野菜62種類が盛り込まれる。野菜は蒸す・揚げる・茹でるなど調理法を変えゲストを美味しい時間へ誘う。

京都市左京区田中星ノ前町59 ☎075-711-7643
営 11:30～14:30(LO)、17:30～21:30(LO) 休 月曜休
予算／ランチ4320円、ディナー6480円 http://bellecour.co.jp/

> ちょっとお洒落な食事をしたいときのとっておきフレンチ。50～60種の野菜を使ったサラダは芸術品です。

MKタクシー
堂岡光男さん ドライバー歴14年

京都タクシードライバーのクチコミグルメ

ディナーコース6300円〜のメインより。リードボーと根菜の煮込み トリュフとマデイラ酒のかおり。ブルゴーニュワインのストックは約700本。1本9000円前後〜。ディナーコースの前菜より、ホタテのタルタルをサーモンで巻いたフリポリテ仕立て。小さい店ならではの温かいサービスと丁寧な料理がなんとも心地よい

深みのあるソースとブルゴーニュワインの相性を楽しむ

ラ・プレーヌ・リュヌ
ラプレーヌリュヌ

[綾小路堺町]　p92_MAP6

店名の「満月」のように天井の丸い照明から柔らかい灯りが落ち、卵色のクロスを優しく包み込む。こちらは季節の食材を使ったコース料理とブルゴーニュワインがいただける小さなレストラン。ソースの味に感動してシェフを志したという西居さんが作るのは、流行りのフレンチではなくクラシックをベースに素材の持ち味を丁寧に引き出した料理。シェフの愛情が感じられる皿の数々を楽しみたい。

京都市下京区綾小路通堺町西入ル綾材木町199-2　☎075-344-1566
営 11:30〜15:00、18:00〜22:30　休 水曜日、月1回不定休
予算／ランチ2160円〜　http://la-pleine-lune.com/

素材のこだわりとソース、小さな店だが人のあたたかさが印象的。

西都交通
井﨑英行さん　ドライバー歴6年

京都タクシードライバーのクチコミグルメ　76

写真は夜のコース1万円(税・サ別)から。この日の前菜はハチミツとオリーブオイル、レモン果汁の風味を合わせた爽やかなひと皿。料理は2週間ごとに異なる

世界各国の美食家を魅了させた一期一会のフレンチを体感する

山地陽介
ヤマジヨウスケ

[祇園]　p92_MAP6

渡仏歴11年、[ジョエル・ロブション][アラン・デュカス]といった名高い有名店を経て、最後に厨房を任されたパリ9区の[ロフィス]で美食家を夢中にさせた。そんな世界を魅了してきたシェフが手がける料理は、実母が作る無農薬栽培の野菜をはじめ、信頼できる食材のみを採用。さらに35ヶ国の友人たちから教わった知識やアイディア、素材から得るひらめきを盛り込み、一期一会のフレンチを供する。

京都市東山区祇園町南側570-151
☎075-561-8001
営 12:00～13:30(LO)、18:00～21:00(LO)
休 月曜休、他不定休月2回有
予算／ランチ5000円(税・サ別)～

食材の新鮮さにこだわっていて、市場に出回らない希少な食材を出していただけます。

MKタクシー
若山慎一郎さん
ドライバー歴5年

谷岡シェフ自らが手塩に掛けて育てたお野菜を使ったフレンチを、旧家を利用したお店でゆっくりと味わえる。

MKタクシー
柴田大輔さん　ドライバー歴12年

レストラン スポンタネ
レストランスポンタネ

[大原野]　p87_MAP1

祇園宮川町で13余年営んできたビストロが自然豊かな京都西山の地に移転。ゆったりと美味しい時間を過ごしてもらいたいと考え、大邸宅をリノベーションしレストランとしてオープンした。シェフが地元の肥えた良質な土で大切に育てあげた旬野菜と、選び抜いたこだわりの食材、40年の経験とキャリアを活かした料理の数々は見た目も美しく味わい深い。ランチは1日4組、ディナーは3組限定。

京都市西京区大原野上里北ノ町697-1
☎075-874-5551
営 12:00～15:30(入店～13:00)
　18:00～22:30(入店～19:30)※前日までに要予約
休 月曜休(祝日の場合は営業)
予算／昼3800円～、夜8000円～
http://spontane.org/

街の喧噪を離れて彩り豊かなひと皿じっくり味わいながら美味しい時間を

昼コース3800円より。写真は一例。フレッシュな季節野菜や選りすぐった食材を用いた前菜。彩り豊かで素材の生命力を感じるひと皿でゲストを魅了する。ディナーは8000円～。和風建築の一軒家レストランの店内は、シックで穏やかな空気がゆっくり流れる

こんがりハード、パリっとした食感の外皮に、中は目がギュッと詰まったバケット280円。料理との相性もよく創業時から好評。みじん切りにしたキュウリが入った玉子サラダ、肉の旨みが凝縮されたポーク100%のハム、シャキシャキしたレタスとキュウリ。この3つの具材をふんわり食感のパンに挟んだミックスサンド518円。紙箱に入っているので土産にも最適

ヤマダベーカリー
ヤマダベーカリー

[浄土寺] p88_MAP2

美味しい時間のスタートは
工夫を凝らしたヤマダパンから

1947年創業。初代が京都の老舗パン屋で生産開発に携わっていたことから、当時珍しかったフランスパンをメインにした店を開いた。丁寧に水をかけながら焼き上げる製法は今も受け継がれ、長年にわたり客から愛されている。厨房では、パンによって合わせる配合や製法、焼きを考慮し仕上げた食パンやスイーツ系、総菜パンなど約100種類が焼き上げられる。一番人気の食パンハイソフトは口どけのなめらかさが魅力。

京都市左京区浄土寺下馬場町87 ☎075-771-5743
営6:00〜17:00　休火曜、第3・4金曜休
予算／食パン ハイソフト313円　http://yamadabakery.jp/

フランスパンとサンドイッチが美味し〜い。

都タクシー
坂下　修さん　ドライバー歴17年

まるき製パン所
マルキセイパンジョ

[堀川松原] p90_MAP4

ふわふわ生地に具材をサンド
手間ひま惜しまない調理パンが人気

やわらか生地のコッペパンにマヨネーズを塗り、ハムとキャベツをサンドしたシンプルな調理パンのハムロール165円。他にもカツやハムエッグなどもあり。甘さ控えめビターなカラメルソースが魅力のパンプリン225円。総菜パンもデザート系も充実

創業して60年間変わらず、朝6時半にパンが焼き上がると同時に開店する街のパン屋さん。香りに誘われたご近所さんがさっそく来店。日中もお客さんが絶えることがなく、地域から愛されているのがよくわかる。毎日炊き上げる自家製餡をはじめ、クリーム、調理パンの具材などほとんどが手作りで、「美味しく仕上げるために労力と食材の質は惜しまない」という店主のパンに対する深い愛情が伺える。

京都市下京区松原通堀川西入ル北門前町740　☎075-821-9683
営6:30〜20:00、日曜、祝日〜14:00　休第4金曜休、他不定休有　予算／500円

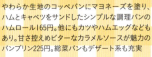

京都には数多くの美味しいパン屋さんがありますが、私のオススメはプリンパンです。スプーンでいただく珍しいパンですよ！

都タクシー
森　健さん　ドライバー歴15年

シンプルなコッペパンにハムとキャベツ、とても絶品！

西都交通
大平信子さん
ドライバー歴15年

FLEUR DE FARINE
フルールドファリーヌ

[東洞院三条]　p92_MAP6

行儀よく並ぶパンに出迎えられ
ふんわり幸せな気持ちに

平成元年の創業から、常にお客さんが途絶えることなく人気を誇るベーカリー。その理由を聞いてみると「人並みですが、手間を惜しまないこと」と。人気のデニッシュはフレッシュバターを使い、生地を丁寧に時間をかけて折り込んでいく。ひとつ一つ心を込めて行なう作業を繰り返して焼き上げるパンは少量多種のスタイル。店内に入れば、バターの香りに包まれ、80～90種のパンが出迎えてくれる。

京都市中京区東洞院通三条下ル三文字町200
☎075-223-5070　営11:00～19:00
休日・月曜休　予算／500円

デニッシュ・ペストリー系はサクサクとした食感が心地よく人気。バナナとカスタードのまったりした甘さが至福の味わいバナーヌ183円、アーモンドの香ばしさが印象的なアーモンドクリームのクロワッサン172円。こぢんまりした店内には調理系からスイーツ系のパンが籐プレートの上にお行儀よく並ぶ

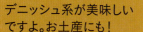

「デニッシュ系が美味しいですよ。お土産にも！」

都タクシー
糸川紀子さん　ドライバー歴5年

私のイチオシ

志津屋本店
シズヤホンテン

[太秦天神川]　p91_MAP5

愛され続ける京都のパンは
今日もいつもの味で笑顔になる

京都人の生活に寄り添って68年、路面店や駅構内など23店舗の直営店を持つパン屋さん。京都で生活している人はもちろん、観光客からも支持されて人気はもはや全国区。毎月棚に並ぶ7～9種類の新商品の中には、ゲストからの要望を取り入れたものもあるのだとか。じつは本店の隣には本社工場があり、焼きたてのパンが並ぶこともしばしば。ファンならば一度は本店を訪れてみるのはいかが。

京都市右京区山ノ内五反田町10　☎075-803-2550
営7:00～20:00　休無休　予算／500円
http://www.sizuya.co.jp/

「カルネがオススメです！」

都タクシー
糸川紀子さん　ドライバー歴5年

私のイチオシ

定番人気のカルネ180円は、可愛らしい丸形のフランスパンにマーガリンを塗って、オニオンとハムをサンド。こちらも定番、秘伝の特製ソースが味の決め手、元祖ビーフカツサンド500円はボリュームたっぷり。創業からの味を守り続けている

秘伝のタレが自慢の焼き肉 牛テール蒸しもお忘れなく

ジャンボハラミステーキ2138円（ハーフ1382円）、名物!! 牛テール蒸し1296円（ハーフ918円）。少人数でもでもたくさんの種類が食べられるハーフポーションの提供が嬉しい。締めには牛テールをベースにした、絶品！あにきスープ918円がおすすめ

肉

牛テール焼や牛テールスープがとても美味しいです。メニューの種類も多い。一人前だと多い場合もハーフがあるため、ハーフでいろんな種類のメニューを頼むことができる。

焼肉ホルモン・牛テール料理 あにき
ヤキニクホルモンギュウテールリョウリアニキ

[四条大宮] p91_MAP5

焼き肉ひと筋に30年という店長が作り出すタレやスープは、同業の料理人をも唸らせるほど。焼き肉と一緒に是非味わいたいのが、ほろふわ牛テール蒸し。旨みを余すことなく引き出したまさに絶品なのだとか。店内は小上がりがあり、居酒屋のように寛げる雰囲気。ホッピーやキンミヤ焼酎片手に、気心知れた仲間とじっくり腰を据えて楽しもう。

京都市中京区壬生梛ノ宮町13-16　☎075-813-2929　⑨11:00～14:00、17:00～24:00、日曜、祝日17:00～23:00　㊡水曜休　予算／昼1000円、夜4000円

カルビ・ハラミ・ホソ・ホルモンミックスの4種類が合わさった、はやしの赤白セットは3240円。たっぷり4人前のボリュームがある。緑黄色野菜が入った韓国風春雨のチャプチェは648円、柔らかく食感に特徴のある珍味・テンコブを湯引きにしたしらずポン酢810円もぜひ

旨みの相乗効果を体感するには豪快に混ぜて焼くべし

焼

焼肉はやし 四条店
ヤキニクハヤシシジョウテン

【四条烏丸】 p92_MAP6

秘伝のタレに漬け込んだ赤身肉とホルモンをミックスし、特注された極厚の鉄板で混ぜ焼きにする。はやし流の焼肉の発祥は、なんと60年以上前、南区九条にあった店舗で提供を開始し、現在まで受け継がれている。赤身肉から出る肉汁とホルモンの甘い脂が、味の決め手となっている味噌ベースのタレと絡み合い、美味しさが倍増する。好みの肉を注文するのもよいが、盛り合わせセットがお得。

京都市下京区綾小路通室町西入ル善長寺町152 ☎075-341-0055
営17:00〜23:00(LO) 休不定休 予算/4500円 http://www.yakiniku-hayashi.com/

ホルモンやカルビなどを一気に食べることができるメニューがあります。

キャピック
藤原多久実さん ドライバー歴6年

私のイチオシ

国籍

> 肉カレーがベースの北インド料理に対して南インド料理は野菜カレーがベースでその中には甘いカレーとか酸っぱいカレーもあります。京のおばんざい文化に素敵にマッチしてます、色々な種類が食べられるミールスがオススメです。

都タクシー
森　健さん　ドライバー歴15年

私のイチオシ

NAYA INDIA NOOR
ナヤインディアヌール

[烏丸紫明]　p88_MAP2

伝統インド料理が味わえる[NOORANI]の姉妹店。ドバイの五ツ星ホテルでも活躍したオーナーシェフによる料理はチャレンジ精神が光る。定番であるナンやタンドリーチキンを焼く壺窯型オーブンはあえて持たず、日本の旬の食材とインド料理の融合メニューを提供。野菜の味を活かしながら魚やジビエを使った80種類のカレーや、発酵させないデニッシュ風パンなど多彩なメニューが揃う。

京都市北区小山西花池町1-3　☎075-414-6300
営 11:30〜15:00(LO/14:30)、17:30〜23:00(LO/22:30)　休 水曜休
予算／ランチ760円(平日)〜

日本の食材とスパイスを駆使した
インド全土に渡る多彩なカレー

たっぷりのハーブ使いで深い味わいと独特の香りを漂わす北インドのカレー、カストリチキン1470円。中に入っている鶏肉はスプーンだけでくずれるくらい柔かで、味が染みてまろやか

京都タクシードライバーのクチコミグルメ　82

看板メニューのサムギョプサルで豚肉と生野菜をたっぷり摂取！

サムギョプサルは、プレーン950円、コチュジャン1058円、味噌1058円、カレー908円（各1枚）など9種類の味から選べる。1枚どーんと豪快に石板にのせて、焼き上がったらハサミでカット。アツアツのお肉をサンチュほか6種以上の添え野菜でグルッと巻いて頬張れば、お肉も野菜も美味しくたっぷり摂取できる

KOREAN KITCHEN
3匹の子豚
コリアンキッチンサンビキノコブタ

[西大路五条] p91_MAP5

「いろいろな美味しさを楽しんでもらえれば」とのお店のサービス精神から、看板人気である9種類のサムギョプサル、トマトを加えたイタリアンな風味のトマトスンドゥブ950円など、多彩な韓国創作料理が並ぶ。お肌にうれしい手づくりミスカルプリン324円などデザートも豊富にスタンバイ。美味しいお肉のお供に飲みたい生ビールは453円と良心的で、お得なセットもあるので要チェック。

京都市中京区壬生東高田町2-1 ☎075-963-5363
営 12:00～14:30（LO/14:00）
　 17:00～24:00（LO/23:00）
休 火曜休（祝日の場合は翌日休）
予算／昼900円～、夜3000円～

本場の韓国料理が楽しめます。マッコリは絶品。

MKタクシー
青木龍煥さん
ドライバー歴9年

83　多国籍

and others

コーヒー好きの店主が焙煎所[AMANO COFFEE]から仕入れるオリジナルブレンド。厳選された生の豆4種類をオリジナル焙煎したコーヒー500円は、ネルドリップで淹れられる。コロンビア産ベースのブレンドでは少し苦みを含んだ後味のキレがよい。カウンターからは、モニターで写し出される演奏風景を見ることができる

店内のインテリアは昭和からそのまま時間が止まったようなレトロな空気が流れる。厚い骨のある鶏モモ肉にベーコンがのった店名物のグリルドチキンのベーコン添え1520円。チキンはやわらかでジューシー、鶏の旨みがしっかり感じられる。デミグラスソースは家庭的でやさしい味

Greenwich House
グリニッチハウス

[四条河原町] p92_MAP6

8人で満席になる小さなジャズのライブハウス。夜のみの営業だけど、オリジナル焙煎された豆で淹れられたブレンドコーヒーを飲みながらライブが楽しめる。出演者は若手を中心としたアマチュアからセミプロが中心で、ゲストの前で演奏するチャンスを与えたいという店主の思いからオープンした。チャージ料ではなくチップ箱に入れるシステム。演奏は毎日行なわれているから、出演者などの詳細はHPで確認を。

京都市中京区新京極通四条上ル中之町577-5　☎075-212-5041
営 19:00〜23:00　休 水曜休　予算／コロナビール800円
http://www.greenwich-house.com/

カウンター8席のライブハウスでジャズの生演奏に耳を傾ける夜を

> ノーチャージチップ制。一杯500円で美味しいコーヒーが飲める、京都で一番小さいライブハウス。

都タクシー
吉田隆子さん　ドライバー歴5年

一養軒
イチヨウケン

[先斗町四条] p92_MAP6

木屋町の路地裏にある隠れ家のような洋食バー。1922（大正11）年創業、大正から昭和にかけてノスタルジックな雰囲気を漂わせる洋食バー。4週間かけて作りあげるデミグラスソースをはじめ、下ごしらえに時間をかけた丁寧な調理は、料理に対する店の姿勢が感じられる。運ばれる料理は力強いひと皿というよりも、京都らしい上品な味。バーカウンターでお気に入りのウイスキーやカクテルを嗜むのも粋なもの。

京都市中京区先斗町通四条上ル25番路地　☎075-221-4249
営 17:30〜23:00(LO/22:00)　休 木曜休　予算／3000円

ノスタルジックな洋食バーで手間暇かけたひと皿とお酒を

> 落ち着いて飲めるニッカバーです。西洋料理店でもあり、食事も美味しいです。

西都交通
篠原良文さん　ドライバー歴18年

BAR

玉ネギや人参、季節の野菜、キノコ類を2日間じっくり煮込み、30種以上のスパイスを用いたベジタブルカレー900円。店に馴染んだ木製カウンターで一人でも居心地がよく過ごせそう。壁一面にはゲストやこれまでの出演者のポートレートで埋まり、大勢の人とのつながりが伺える。京阪伏見稲荷駅から徒歩数分、師団街道沿いに2008年から店を構える

冷蔵庫には全国各地の地ビールがぎっしり並ぶ。泡立ちや風味を損なわないよう適切に管理されている。志賀高原の「山伏 壱 Saison One」1350円、「箕面ビール スタウト」410円、「富士桜高原 ヴァイツェン」480円、「鬼伝説 ペールエール」460円など珍しい地ビールがたくさん。店頭には京都府産の新鮮野菜が並び、店内には京都、滋賀、奈良など関西を中心にした日本酒も揃う

The ANSONIA CAFÉ
アンソニアカフェ

[伏見稲荷]　p93_MAP7

伏見稲荷近くにあるカフェ&ライブバー。イタリア製のエスプレッソマシーンによる本格カフェメニューや、バナナやチェリー味のベルギービール、カクテルなど100種類以上のドリンクが揃う。連日行なわれるジャズを中心としたライブ演奏も楽しみ。ジャズファンのみならず、伏見稲荷詣での帰りに立ち寄る観光客や外国人も多いようで、カウンターの壁にはチップ代りの外国通貨がズラリと並ぶ。

京都市伏見区深草一ノ坪町41 パールハイツイナリ1F　☎075-643-6644
営 14:30～24:00　休 火曜休(祝日の場合は翌日もしくは前日の月曜が休)
予算/ビール600円～　http://www.ansonia-cafe.com/

シックなカフェ&ライブバーでココロ豊かに過ごす大人の時間

山岡酒店
ヤマオカサケテン

[千本上立売]　p89_MAP3

昭和初期に創業、現在は3代目が店を守る酒店。店頭には地元産野菜が並び八百屋さんのようだけど、店内には常時150種類以上の地ビールが揃う。これだけの種類を扱っているのは全国でこちらだけとか。のど越しがよい一般的なビールに比べて、地ビールはワインのような感覚でじっくり味わいながら楽しむのが主流。柚子や山椒、バニラなどユニークな原料を使った個性豊かなビールの中から好みの味を見つけて。

京都市上京区千本今出川上ル西側牡丹鉾町555　☎075-461-4772
営 9:00～20:00　休 日曜休(祝日の場合は営業)
予算/地ビール500円～　http://www.yamaokasake.com/

ユニークな原料と製法にこだわった個性溢れる地ビール150種が揃う

> マスターがグローバル。ノーチャージ。とてもゆっくりリラックスできる。毎日夜にはチップ制でジャズライブが楽しめますし、土日は15時からの回も。カプチーノ、カレーがオススメ。バナナビールなどビールの種類もたくさん有り。

都タクシー
吉田隆子さん ドライバー歴5年

> 全国のクラフトビールを扱っています。ものすごい数です。ビール好きにはたまらない店です。

MKタクシー
池原正澄さん ドライバー歴20年

京都
タクシードライバーの
クチコミグルメ

AREA MAP

MAP 1 京都広域

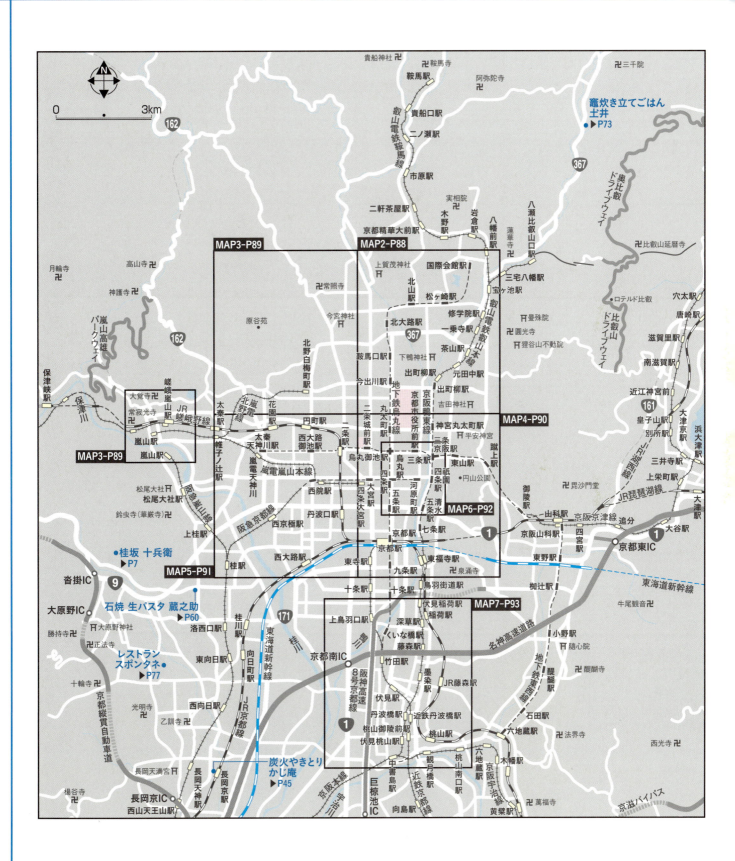

MAP 2　京都市・北東

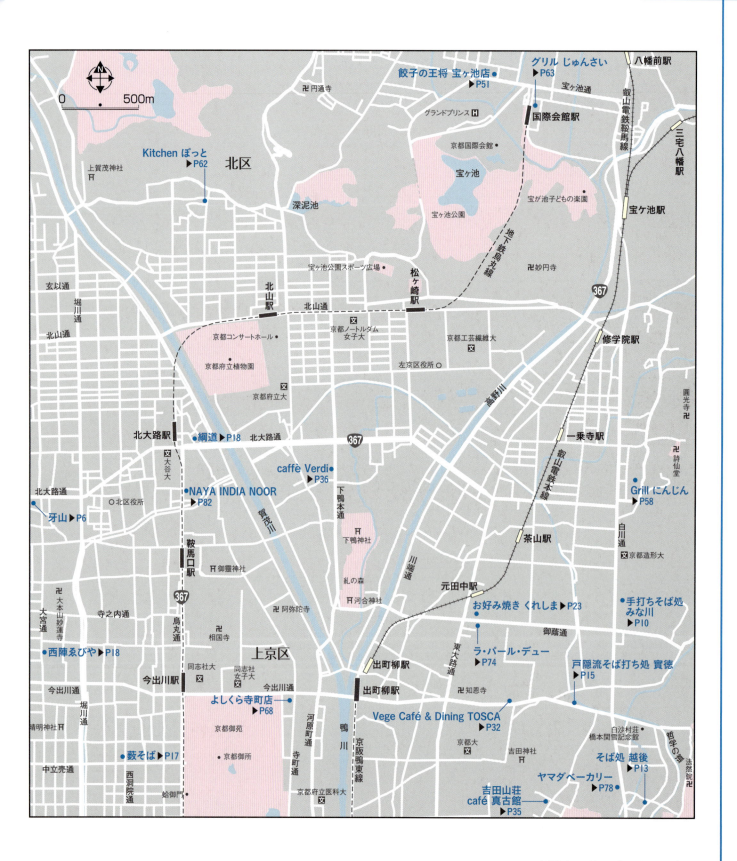

MAP3　京都市・北西

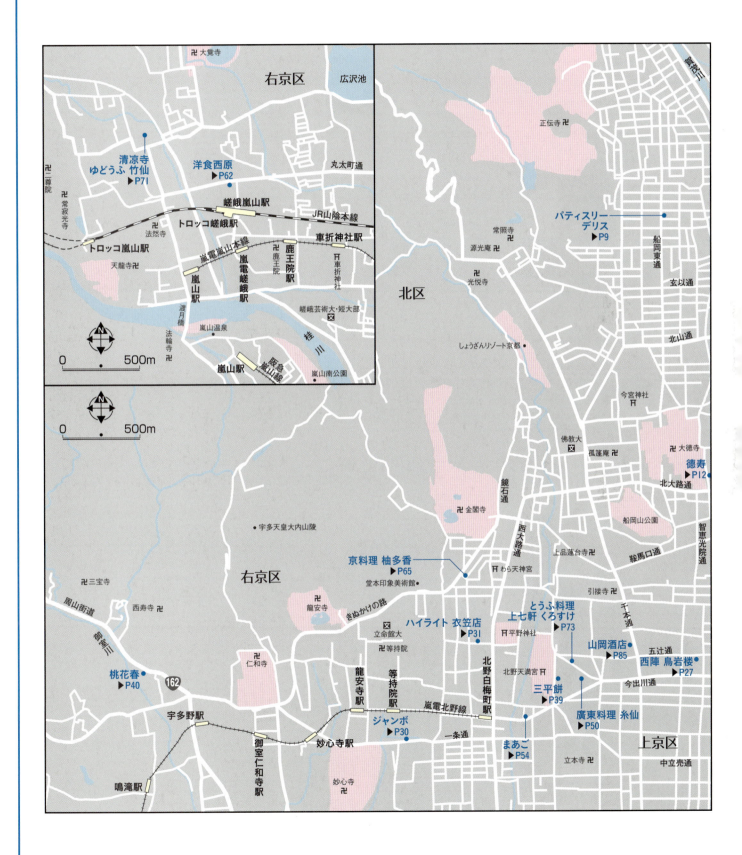

MAP4　京都市・南東

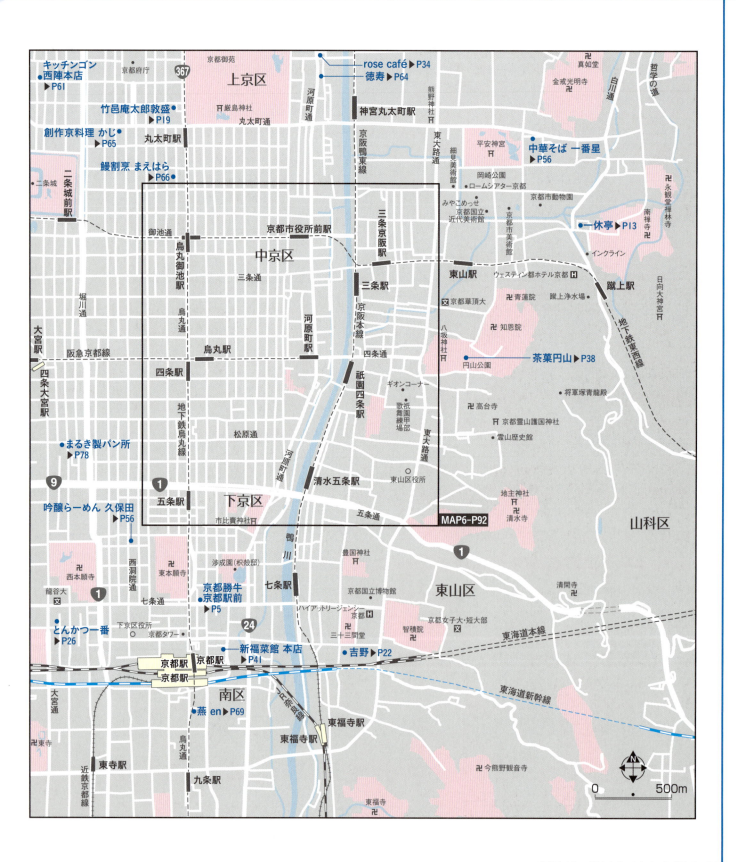

京都タクシードライバーのクチコミグルメ　90

MAP5 京都市・南西

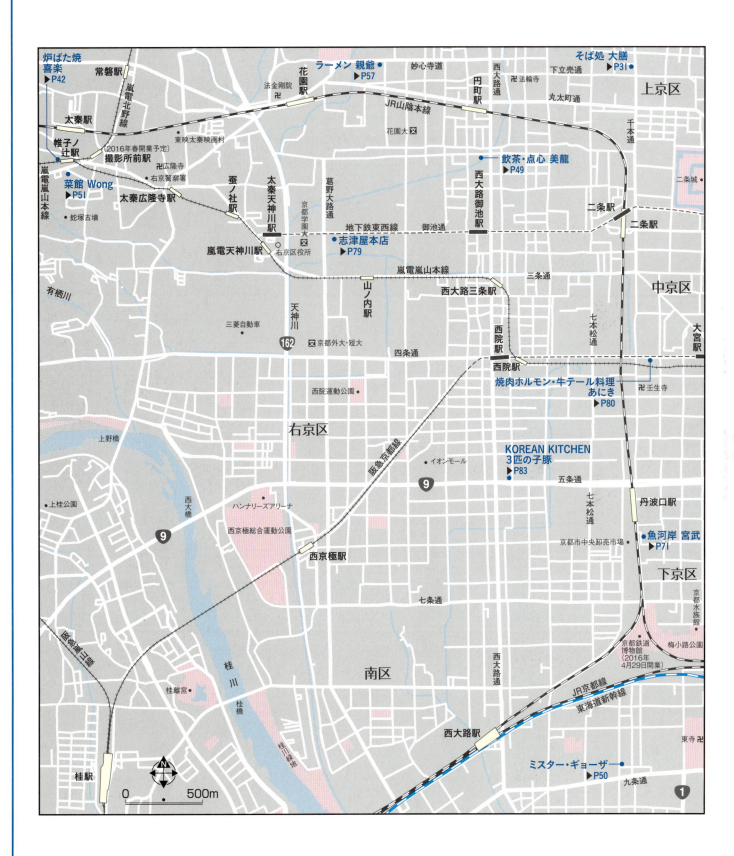

MAP 6 京都市・中心部

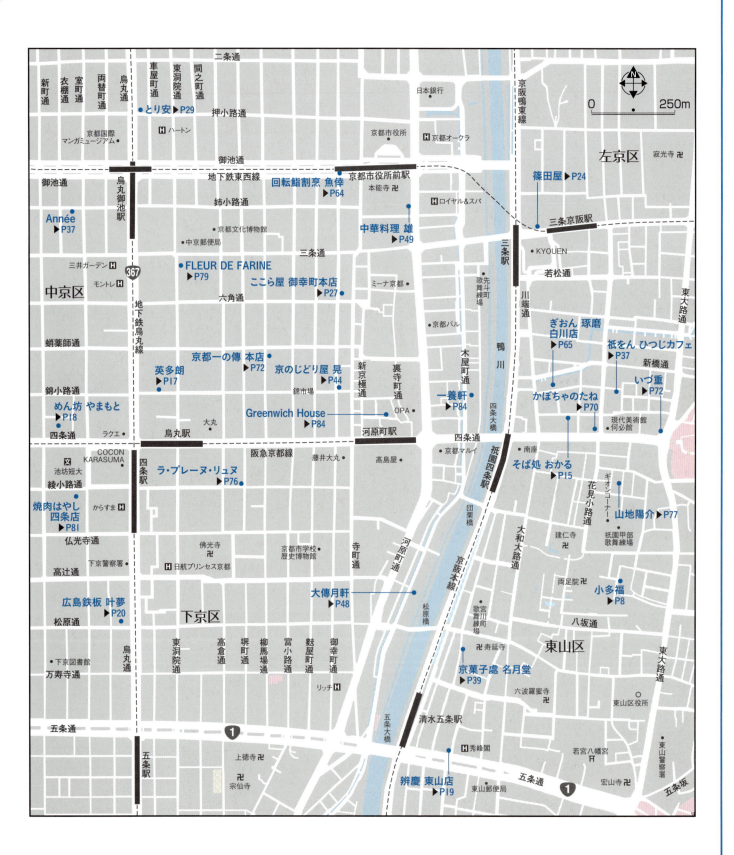

MAP 7 伏見

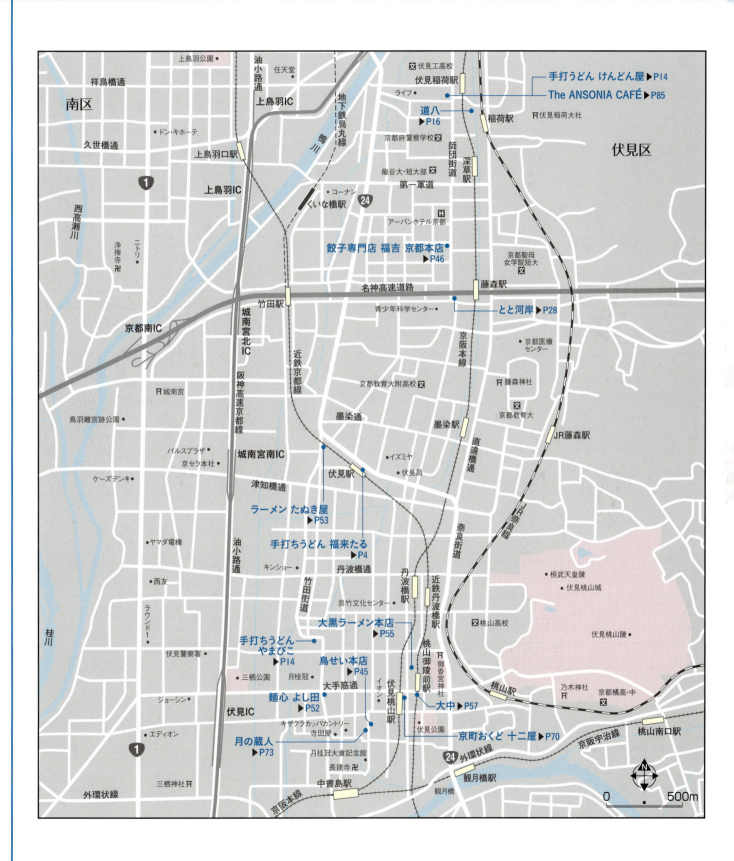

INDEX

あ
- 6 ...... 牙山
- 37 ...... Année
- 85 ...... The ANSONIA CAFÉ
- 60 ...... 石焼 生パスタ 蔵之助
- 84 ...... 一養軒
- 13 ...... 一休亭
- 72 ...... いづ重
- 71 ...... 魚河岸 宮武
- 66 ...... 鰻割烹 まえはら
- 17 ...... 英多朗
- 69 ...... 燕 en
- 23 ...... お好み焼き くれしま
- 8 ...... 小多福

か
- 64 ...... 回転鮨割烹 魚偵
- 7 ...... 桂坂 十兵衛
- 36 ...... caffè Verdi
- 70 ...... かぼちゃのたね
- 73 ...... 竈炊き立てごはん 土井
- 50 ...... 廣東料理 糸仙
- 65 ...... ぎおん 琢磨 白川店
- 61 ...... キッチンゴン 西陣本店
- 62 ...... Kitchen ぽっと
- 39 ...... 京菓子處 名月堂
- 46 ...... 餃子専門店 福吉 京都本店
- 51 ...... 餃子の王将 宝ヶ池店
- 72 ...... 京都一の傳 本店
- 5 ...... 京都勝牛 京都駅前
- 44 ...... 京のじどり屋 晃
- 70 ...... 京町おくど 十二屋
- 65 ...... 京料理 柚多香
- 37 ...... 祇をん ひつじカフェ
- 56 ...... 吟醸らーめん 久保田
- 84 ...... Greenwich House
- 63 ...... グリル じゅんさい
- 58 ...... Grill にんじん
- 27 ...... ここら屋 御幸町本店
- 83 ...... KOREAN KITCHEN 3匹の子豚

さ
- 51 ...... 菜館 Wong
- 38 ...... 茶菓円山
- 39 ...... 三平餅
- 79 ...... 志津屋本店
- 24 ...... 篠田屋
- 30 ...... ジャンボ
- 41 ...... 新福菜館 本店
- 45 ...... 炭火やきとり かじ庵
- 71 ...... 清涼寺 ゆどうふ 竹仙
- 65 ...... 創作京料理 かじ
- 13 ...... そば処 越後
- 15 ...... そば処 おかる
- 31 ...... そば処 大膳

た
- 55 ...... 大黒ラーメン本店
- 57 ...... 大中
- 48 ...... 大傳月軒
- 19 ...... 竹邑庵太郎敦盛
- 56 ...... 中華そば 一番星

京都タクシードライバーのクチコミグルメ 94

ま

- 54……まあご
- 78……まるき製パン所
- 50……ミスター・ギョーザ
- 52……麺心 よし田
- 18……めん坊 やまもと

や

- 81……焼肉はやし 四条店
- 80……焼肉ホルモン・牛テール料理 あにき
- 17……薮そば
- 85……山岡酒店
- 77……山地陽介
- 78……ヤマダベーカリー
- 49……飲茶・点心 美龍
- 62……洋食西原
- 68……よしくら寺町店
- 35……吉田山荘 café 真古館
- 22……吉野

ら

- 57……ラーメン 親爺
- 53……ラーメン たぬき屋
- 74……ラ・パール・デュー
- 76……ラ・プレーヌ・リュヌ
- 77……レストラン スポンタネ
- 34……rose café
- 42……炉ばた焼 喜楽

- 49……中華料理 雄
- 73……月の蔵人
- 18……綱道
- 4 ……手打ちうどん 福来たる
- 14……手打うどん けんどん屋
- 14……手打ちうどんやまびこ
- 10……手打ちそば処 みな川
- 40……桃花春
- 16……道八
- 73……とうふ料理 上七軒 くろすけ
- 15……戸隠流そば打ち処 實徳
- 12……徳寿
- 28……とと河岸
- 45……鳥せい本店
- 29……とり安
- 26……とんかつ一番

な

- 82……NAYA INDIA NOOR
- 18……西陣ゑびや
- 27……西陣 鳥岩楼
- 64……徳寿

は

- 31……ハイライト 衣笠店
- 9 ……パティスリー デリス
- 20……広島鉄板 叶夢
- 79……FLEUR DE FARINE
- 32……Vege Café & Dining TOSCA
- 19……辨慶 東山店

京都
タクシードライバーの
クチコミグルメ

2016年4月7日　初版第一刷発行
定価／本体924円＋税

表紙デザイン／村田良平［りてん堂］
表紙イラスト／タタタタカハシ
表紙撮影／鈴木誠一（篠田屋 P24）、
三國賢一（大黒ラーメン本店 P55）、
木村有希（手打ちうどん福来たる P4）

発行者
中西真也

編集・発行
株式会社 リーフ・パブリケーションズ
〒604-8172
京都市中京区烏丸通三条上ル メディナ烏丸御池 4F
TEL.075・255・7263 ／ FAX.075・255・7621
http://www.leafkyoto.net/
info@leafkyoto.co.jp

EDITOR IN CHIEF
渡辺裕子

CIRCULATING-SECTION
塚腰亜友美、大塚健太郎、宮本加奈子

ACCOUNTING-SECTION
長谷川亘、柿森洋一、岩田彩加

ART DIRECTOR
村田良平［りてん堂］

ILLUSTRATION
タタタタカハシ

PHOTOGRAPHERS
エディ大村、桂秀也、木村有希、鈴木誠一、高橋恵理、
高見尊裕、中尾写真事務所、夏見タカ、橋本正樹、
畑中勝如、平田尚加、三國賢一

WRITERS
飯塚真里、大盛いつき、佐藤和佳子、中尾潤子

STAFF
武井聡子、萩永麻由加、闇雲啓介

SPECIAL THANKS
沼口明季

MAP DESIGN
データ・アトラス株式会社

PRINTING
図書印刷株式会社

※落丁・乱丁はお取り替え致します。
※本誌掲載の写真・イラスト・地図及び記事の無断転載を禁じます。

© 株式会社・リーフ・パブリケーションズ 2016 Printed in Japan
ISBN 978-4-908070-25-9 C0076

Leaf MOOK・書籍案内

気になる本があれば、お近くの書店で注文してください！

■ 京阪神の情報が盛りだくさん！

「京都 滋賀 うまいらーめん」
924円（税別）

「京都のおいしいグルメガイド
厳選300店」
924円（税別）

「おもてなし京都」
924円（税別）

「ぐるっとまわって おいしい！たのしい！
枚方・八幡・京田辺」
924円（税別）

「飲んで、食べて、めっちゃ楽しい！
伏見・山科 宇治 城陽」
924円（税別）

「おいしい！たのしい！
桂 長岡京 高槻」
924円（税別）

Leaf MOOK・書籍の購入方法

Leaf MOOK・書籍はお近くの書店でも
お申し込みいただけます。
（※一部受付できない書店もございますので、予めご了承ください）
「近所に Leaf MOOK が買える書店がない」という方には Leaf から郵送します。ご希望の MOOK を明記の上、郵便切手または現金書留で下記の本代と送料をお送りください。到着次第すぐにお送りさせていただきます。
（※お手元に届くのに、約1週間〜10日かかります。また、在庫切れの場合もございますのでご了承ください）

郵送の場合の宛先
〒604-8172
京都市中京区烏丸通三条上ル
メディナ烏丸御池4F
「Leaf MOOK」係

■ 送料について
送料は本代（※MOOK によって異なります）＋送料150円です。2冊以上の送料は、冊数×150円となります。

もっと京都を知りたい人におすすめ！ 月刊誌Leaf 年間定期購読のご案内

毎月、京都・滋賀の旬の情報を網羅した『Leaf』。買いそびれないためにも、毎月確実にお手元に届く定期購読をおすすめします！
年間購読料(1年間12冊分)定価500円×12ヶ月＝6000円（送料はかかりません！）
■お問い合わせ　Leaf販売部　TEL.075・255・7263

お申し込み方法

1.直接申し込みの場合
現金書留にて、合計金額6000円と、住所、氏名、年齢、電話番号、ご希望の開始月を明記の上、下記住所までお送りください。

〒604-8172
京都市中京区烏丸通三条上ル　メディナ烏丸御池4F
株式会社リーフ・パブリケーションズ　定期購読係

2.FAX にて申し込みの場合（銀行振込にてお支払）
FAX にてお申し込みの後、こちらから振込先をFAX にてお知らせします。振込が確認でき次第、本誌をお送りします。入金確認に少し時間がかかりますので、お手元に届くのが遅れますがご了承ください。
FAX.075・255・7621